提问诸子丛书　黄坤明　主编

提问孟子

孔门私淑　岳岳亚圣

郭志坤　陈雪良　著

上海人民出版社

图书在版编目(CIP)数据

提问孟子/郭志坤,陈雪良著. —上海: 上海人民出版社,2017
(提问诸子丛书/黄坤明主编)
ISBN 978-7-208-14248-0

Ⅰ. ①提… Ⅱ. ①郭… ②陈… Ⅲ. ①孟轲(约前372-前289)—人物研究 Ⅳ. ①B222.55

中国版本图书馆CIP数据核字(2016)第303128号

出版统筹 孙 瑜
责任编辑 高笑红
装帧设计 范昊如

·提问诸子丛书·
黄坤明 主编
提 问 孟 子
郭志坤 陈雪良 著
世 纪 出 版 集 团
上海 人民出版社 出版
(200001 上海福建中路193号 www.ewen.co)
世纪出版集团发行中心发行 上海中华印刷有限公司印刷
开本 720×1000 1/16 印张 10.25 插页 4
2017年1月第1版 2017年4月第2次印刷
ISBN 978-7-208-14248-0/B·1229
定价 58.00元

提问诸子丛书

总　序

黄坤明

读诸子百家书，发觉古贤的思维模式有一个显著特点：善于提问。“孔子入太庙，每事问。”（《论语·八佾（yì）》）这个典故是人们熟知的。说孔子来到祭祀周公的太庙，提问频率之高，问题触及面之广，使亲历其境的人们感到惊异：都说孔子知礼，怎么还提问不断呢？面对发问，孔子的回答既简洁又精彩：“是礼也！”其意是讲，我是个善于提问的人，善于提问才使我真正知礼啊！这是发生在孔子早年的事。“三十而立”后的数十年间，无论是教学弟子，还是答问友朋，或者与列国君臣周旋，孔子都喜欢用提问的方式来探求真知。在诸子中，孔子的影响是最大的，用司马迁的话说，是“学者宗之”的。正因为如此，孔子倡导的提问式思维模式影响了一代又一代文人墨客，成为中华文化的好传统。

提问对人来说真是个奇妙的东西，它会使人兴奋，使人坐卧不安，使人有索解的欲望，使人有不倦的探求精神。一个问题解决了，又会有新的问题产生。任何一个人都永远生存于提问和被提问之中。我们完全可以这样说，提问是驱动思想发展的真正的“永动机”。

我们常说，理论始于问题，科学始于问题，我们又何尝不可以说，学习始于问题呢？

我们常说，提出问题往往比解决问题还要难，其价值也往往更大。善于提问，敢于提问，正是孔子等先哲留给我们的一份极为珍贵的遗产。

我们着手策划这套有关前贤先哲的丛书的时候，孔子等先哲倡导的

“提问”思维模式一下激活了我们这些后学的思维。先哲们的思想是不朽的。为何不把先哲请到“前台”进行访谈呢？他们的身世如何？他们是怎么生活和学习的？为了传播学说，他们又是怎样远行千里的？说是学习，他们有没有实际意义上的课堂？他们手里捧着的又是何种意义上的“书本”？他们四处游说的学术主旨是什么？……甚至他们穿的服饰、吃的食品、驾的车辆都会在我们的心头形成一个个有情有趣、有滋有味的问题。

有鉴于此，我们将这套丛书取名为“提问诸子丛书”。这里有跨越时空的对话、通俗流畅的语言、富含哲理的剖析、见解独特的解说、图文并茂的装帧、考之有据的典章、实地拍摄的文物图片。我们所做的一切，都是冀望读者能喜欢这套独具特色的图书。

2010年春于杭州

目　录

前言

一个孔子，一个孟子，他们精心构建的儒学，奇迹般地主导了中国两千余年的文化，影响了世代华夏子孙的精神面貌和生活习俗。孔子倡导于前，成为天下第一人，人称“至圣”。孟子紧随其后，极尽光大之能事，位居次席，人称“亚圣”。孔孟两人在儒学兴盛中起着特殊而无可取代的作用，因此，人们又习惯地将儒道称为“孔孟之道”。

早在孔子在世之时，他就被孔门弟子奉为经天的日月，后世的儒家传人更是强调“孔子之道如日月之明”，要是没有孔子，华夏子孙还不知要在黑暗中徘徊几多岁月，几多时日！孔子伟大如此，那么被唐代大学问家韩愈誉为“醇乎醇者”的孟子呢？如果天不生孟圣，那儒学的命运将如何呢？

正是这个孟子，把孔子的“学而不厌，诲人不倦”的教学精神加以弘扬，提出了“得天下英才而教育之”的观念；正是这个孟子，把孔子的仁学理论推上了“仁政”的轨道，推出了“王天下”和“民贵君轻”的理念；正是这个孟子，把孔子的“立志观”加以完善，认为人既应有“志”，还应有“气”，以浩然正气立身于世；正是这个孟子，提升了孔学中的人格精神，号召士人努力去当“富贵不能淫，贫贱不能移，威武不能屈”的“大丈夫”。

中华文化没有孔子不行，那么，要是没有孟子呢？这是历史留给后世的一个大问题。

第一章 孔门私淑

孟子曾独坐庭院，喟然兴叹："予未得为孔子徒也，予私淑诸人也。"其意是说，我没有赶上那个时代，成为孔府的门生，我只能当心仪夫子的私淑弟子了。这"叹"中有"赞"，那就是对孔圣人的至高无上的礼赞。这"赞"中有"志"，那就是立志要弘扬孔子的学说，完成孔圣未竟的事业。

"同气相求，同声相应。"孟子与孔子之间，有着太多的"一样"。他们一样植根于深受三代文化浸染的鲁国，他们一样经受了家道的中落，他们一样早年丧父由慈母拉扯长大，他们一样"学而不厌，诲人不倦"，为了寻根与布道，他们一样周游列国，他们又一样不得志于当代，为时人所不容。这太多的"一样"，让他们自然而然地走到一块来了。所不同的只是，孔子始终是个温文尔雅的谦谦君子，而孟子至死都是个"好辩"的倔老头。

啊！孟轲……

一问孟子

对于您是哪里人，史籍上说法颇多，有说是邹人的，有说是郰人的，有说是鲁人的，《史记》则说："孟轲，驺(zōu)人也。"请问，究竟哪个说法更准确些？

颛顼像

孟子：我看，都说对了，只是由于种种原因说法略有不同而已。说是邹人，那当然是确切的。我出生的那个地方称为邹邑，是一个小县城，它从属于鲁。因此，说我是鲁人与说我是邹人是一个意思，只是指认的地域范围有大有小而已。至于《史记》上说的驺人的"驺"，实际上只是"邹"的异文而已，"邹"与"驺"相通，正像"邹衍"其人可以写成"驺衍"一样。

颛顼之侄高辛像

说我是"郰人"，那是一种更加文化一点的说法。《说文解字·邑部》："邹，鲁县，古郰娄国，帝颛顼之后所封。""郰"为"郰娄"的省文。郰国的第一任君主据说是古帝颛顼的后人名挟的那个人，这里有着五帝时代的古文化。后来郰国为鲁所兼并，成为鲁的一部分，由于当地人口音的关系，"郰"字又被读成"邹"，后来就定名为"邹"了。

这就很清楚了，我的出生故地从地域上看，小而言之为邹(驺)，大而言之为鲁；可言我为郰人，亦可言我为邹人。人们辩来辩去，其实大致上是一回事。

棂星门

棂星门是孟庙的第一道门，即正南门。以"棂星"命名，含有尊圣如天之意。棂星门巍峨庄严，是孟庙的一大象征。

在《史记·孟子荀卿列传》中，太史公直呼您为"孟轲"。对于"轲"字，后人有多种解读。有的说："轲，接轴车也，轲有车义。"(《说文》)说明您是出生在一个"有车"阶层的家庭中。但又有人说，您之所以叫"孟轲"，那是因为早年生活太坎坷。"轲"与"坷"同音同义，可以通假，如这样看，"轲"与"有车"就一点不沾边了。您说哪种说法更接近事实？

舜帝像

孟子家定居的邹地，与传说中"舜耕历山"的"历山"相去不远。

亚圣殿

亚圣殿位于孟庙第四进院落，为孟庙的主体建筑。它坐落在院中的高台上。殿为七开间，石质檐柱，南面的八根石柱，满布浅浮雕，刻云龙纹，屋面满铺绿色琉璃瓦。亚圣殿始建于宋宣和三年(1121年)，高十七米，宽二十七点七米，深二十四米，为绿琉璃瓦覆顶的重檐歇山式宫殿建筑。

孟子：如从我家族的发展过程来解读这个"轲"字就清楚了。我家的祖上原是鲁国威名赫赫的家族，当年曾经主政过鲁国，也出了像孟公绰、孟之反、孟文子、孟献子、孟孟子等这些德行高尚的人。一直到孔子那个时代，孟氏家族还是颇有权势的。那时的孟氏家族，的确是名副其实的"有车"族。但是，在社会大变革的历史时期，尤其是到了战国时期，孟氏一脉明显中落了，家族成员也散居各地，有的还流落他国。我的家几经变动，最后算是定居在邹地了。那时我父母已是一介平民，过着十分清苦的日子，说"轲"是"坷"也就不无道理了。

说您早年坎坷，是否与您早年丧父有关？

舂米图（汉画像砖拓片）

战国时期舂米已进入寻常百姓家。家境贫寒的孟子家，舂米也习以为常。

孟子： 这是个主要原因。大家都知道，中年男子在家庭中是顶梁柱，没有这样的支撑，整个家庭都会散架。我的父亲叫孟激，名为“激”，是否与像我一样易于激动有关？也许是吧！他比孔子父亲更普通，有关他的有价值的资料一点都没有留下。我三岁时，父亲就病故了（孔子也是三岁丧父）。父亲死后，母亲独自撑起了这个家，又是耕，又是织，还要管教我这个调皮又不懂事的孩子，实在不容易。

孟庙碑刻

孟庙碑刻吸引着无数文人墨客前去参观。

孟府一角

孟府有楼、堂、亭、阁等各类建筑共一百四十八间。

从汉代开始，在《列女传》等文字中，就有关于“孟母教子”的诸多故事。这些故事形象、生动，富于感染力。但是，有不少人怀疑这些故事的真实性。先生，作为当事人，您是怎样看待这些故事的？

孟子：这里有一个历史的真实和生活的真实的问题。历史的真实是指在一定的历史背景下真有可能发生这样的故事；生活的真实是指在某人身上完全真实地发生了这样的故事。我觉得，不管是历史学家、思想家、社会学家，还是阅读历史作品的普通百姓，首先要追求的是历史的真实。应该说，“孟母三迁”之类的故事，在以文明和教化著称的古代中国是必然会发生的。通过这样的教育，树立了孟母天下“母教一人”的高大形象，那有什么不好呢？通过这个故事，不管是当父母的，还是当子女的，都有所得，那就够了。

孟母三迁祠

“孟母三迁祠”碑

“孟母三迁”是最有名的，其故事梗概大致如下：最初，孟子一家居住在靠近坟墓的地方。当时孟轲还小，把墓葬的事看在眼里，记在心里，闲来无事，就去学掘坟墓、埋死人这些事。孟母感到不妥，心想，那太不利于孩子的成长了，就把家迁到了城里的集市旁。那里行商坐贾，肩挑叫卖，讨价还价，热闹非凡。孟子与那里的孩子一起做起做买卖的游戏来。孟母觉得那里的气氛也不好，于是又把家迁到学宫之旁。这下孟子全变了，“其嬉戏乃设俎豆，揖让进退”。孟母见孩子这样，很高兴，说：“此真可以居吾子矣。”请问：这个故事被视为家庭教育的经典留传下来，其道理何在？

孟子：在历史进程中，大大小小的史实无数，某些史实被留存下来，传之久远，总有它的道理。这个故事千百年来之所以盛传不衰，是因为它带给了我们不少积极的文化信息。“三迁”的核心价值当然是对生活环境和学习环境的选择。我们虽不能说环境决定一切，但也必须看到，居住环境对人的发展的影响至深至远。最后，我的母亲选择在“学宫之旁”定居下来，这反映了这样的现实：当时虽说是在大乱之世，但人们的学习热情还是很高的。为孩子从小创设一个良好的学习环境，是父母的责任。

亚圣殿与大成殿匾额

亚圣殿，与孔庙大成殿（右图）一样，其殿宇庄严神圣。

“母教一人”碑

孟母殿在庙的东北隅，殿前有一石碑，上镌“母教一人”四个大字，意指中华贤母众多，但统观比较，孟母是堪称“母教第一人”的模范母亲，懿范千秋。

与“孟母三迁”一样著名的是“断机教子”的故事。说的是，孟子少时，有一次还没等学堂下课就回家玩耍了。孟母知道后很不高兴，就气呼呼地操起一把锋利的刀，把正在织的一匹布给割断了。她教育孟子说：“你读书与我织布完全一样。学习时断时续就出不了成绩，布匹割断了就成了废品！”听了这番话，孟子才醒悟过来。您说，纺纱织布可能是您家的主要生活来源，教育孩子，说说就行了，何必那样动真格把布匹也割断了。这样家庭的生计不就成问题了吗？

孟子：教育需要和风细雨，但有时也需要强烈的刺激。我母亲把“断织”与“断学”联系起来，不惜花费很大的经济成本，那样对我的心灵的震撼是很大的。以后只要有懈怠之事发生，我的眼前就会浮现出母亲因我不好好学习而十分愤怒的神情。于是，我就努力地约束自己，不使自己再犯同样的错误。

“慈母投杼图”（汉画像砖拓片）

传说图中说的是孟母断机教子的故事。

亚圣殿侧视

“孟母断机处”碑

孟母第三迁，即迁于邹县城西北郊的现今留存下来的“孟子故里”。不远处就是子思学宫所在地，学宫前立着标有“子思子作中庸处”的石碑。据说，您就是在这个学宫中读的书，而当您的老师的，就是孔老夫子的孙子子思，有的史料说他还亲自教您学习《中庸》呢。是这样吗？

述圣子思子赞碑

碑上所刻文字“述圣子思子赞”为乾隆皇帝题写。

孟子：不对。我没有成为孔子的弟子，也没有成为他的孙子子思的弟子。我们可以作这样的推算：孔子生于公元前551年，他的儿子伯鱼比他小二十岁，那就是生于公元前531年；子思的生年不详，假定也小他父亲二十岁吧，那就是生于公元前511年；我生于公元前372年，与子思生年之间间隔一百二十年以上。就是说，我出生时，子思早已去世了，怎么可能亲自教我呢？我倒是较为认同司马迁在《史记》中的说法：“孟轲……受业于子思之门人。”“门人”是一个较为宽泛的说法。当我少年时期老师的，是子思的弟子或再传弟子，也可能是三传弟子，而不是子思本人。

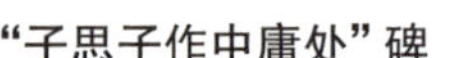

“子思子作中庸处”碑

述圣子思石刻像碑

如果说您少年时期的老师不是子思，而是他的门人，那我们平时说的“思孟学派”这个概念还能否成立？

子思像

子思，名伋，字子思，孔子嫡孙，受教于孔子的高足曾参。孔子思想学说由曾参传子思，子思的门人再传孟子，后人把子思和孟子并称为思孟学派。子思上承曾参，下启孟子，在孔孟“道统”的传承中有重要地位，对宋代理学产生重要影响。子思在宋代被追封为“沂水侯”，元代又被追封为“述圣公”，被赞上承孔子中庸之学，下开孟子心性之论，是为“述圣”。

孟子：我想还是可以成立的。大部分学者都承认，《中庸》一书实际上是子思与他的门人的集体著述，因此不管是子思本人教我学《中庸》，还是他的门生教我学《中庸》，实际意义都是一样的。《中庸》中的“天命之谓性，率性之谓道，修道之谓教”，后来成了《孟子》一书的思想之纲。从这个意义上说，“思孟学派”的确是存在的。“受业于子思之门人”这一人生经历，对我的人生走向影响至远至深。正是在子思门人的影响和教导下，我熟悉了我的祖师孔子的行状，确立了对孔子的信仰。我虽没有机会成为孔子的弟子，亲自聆听他老人家的教诲，但是，我可以当他的私淑弟子，永远对他顶礼膜拜。再说，早年相近的家庭境况，几乎相同的文化背景，使我对孔子有着一种特别的、近乎天生的亲近感，正如我曾经说：“乃所愿，则学孔子也。”（《孟子·公孙丑上》）我的最大心愿，是学习孔子的思想和为人。这一点我是做到了的。

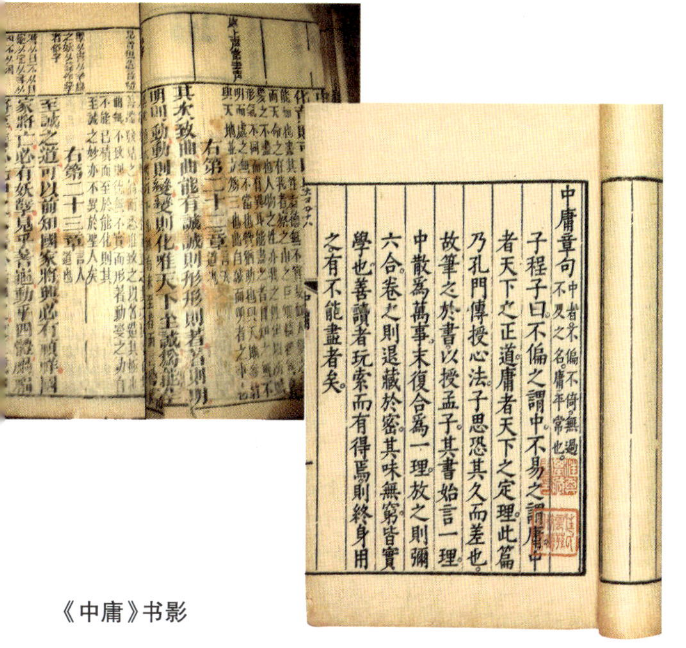

中庸章句 中者不偏不倚無過不及之名。庸，平常也。

子程子曰：不偏之謂中，不易之謂庸。中者天下之正道，庸者天下之定理。此篇乃孔門傳授心法，子思恐其久而差也，故筆之於書，以授孟子。其書始言一理，中散為萬事，末復合為一理，放之則彌六合，卷之則退藏於密，其味無窮，皆實學也。善讀者玩索而有得焉，則終身用之，有不能盡者矣。

《中庸》书影

四十岁之前，您的有关事迹在史籍中几乎是一片空白，那是因为无事可记呢，还是因为您不想太张扬自己，或者还有其他方面的原因？

圣时门

清世宗于雍正八年（1730年）钦定孔庙正门名为“圣时门”。圣时门始建于明永乐十三年（1415年），取孟子所言“孔子，圣之时者也”。

孟子： 一定要我说出是何原因，那倒也不太好说。这样说吧，四十岁前，我基本上是在我的家乡度过的。孔子说自己是“十有五而志于学，三十而立”，我的基本情况也是这样。我把这段美好的青春时光，全都留给了学习生活。我读了各种各样的书，对历史和现实都有了相当精深的了解。经过探究、深思、比较，我得出的结论是：“伯夷，圣之清者也；伊尹，圣之任者也；柳下惠，圣之和者也；孔子，圣之时者也。孔子之谓集大成。”（《孟子·万章下》）从这段话也可以看出，我是读了各家各派的书的，只有那样，才有比较，才能真正懂得孔圣人的伟大。在我看来，与其他三位大圣人相比，孔子无疑是圣人中的圣人。

伊尹像

伊尹是孟子心目中的偶像，孟子称其为“圣之任者”。

“三十而立”对我来说，至少有两层意思：第一，我树“立”起了对孔圣人的最高信仰，决心追随孔子一辈子。第二，三十岁以后，我也像孔圣人一样，逐步树“立”起了自己的学识旗帜，开始聚徒讲学。当然，我的办学规模以及办学成就，那是远远不能与孔圣人比肩的。

伯夷像

伯夷为商末孤竹君长子，孟子赞其“目不视恶色”。

柳下惠像

中国历代广为传诵柳下惠“坐怀不乱”的故事。《孟子》中说“柳下惠，圣之和者也”，所以他也有“和圣”之称。

孔子说“四十而不惑”，而您却在《公孙丑》篇中说“四十不动心”。按朱熹的说法，“四十强仕，君子道明德立之时，孔子四十而不惑，亦不动心之谓”。难道两者果真是同一个意思吗？

朱熹像

朱熹是宋代极力推崇孟子的思想家。他对《孟子》的研究著作甚多，既重文字训诂，又精于义理阐发，特别著名的是其中的《孟子精义》《孟子集注》和《孟子或问》三部书。

孟子： 朱熹的解释有一定的道理。可以说，我的“不动心”与孔子的“不惑”基本意思是一致的。孔子说“三十而立”。到三十岁时，在道德上，在学识上，都应该自立了。而到四十岁时，又达到一个新的境界。人到四十，经历多了，经验丰富了，就不会被社会上纷纭复杂的现象所迷惑了，我将之表述为“不动心”。

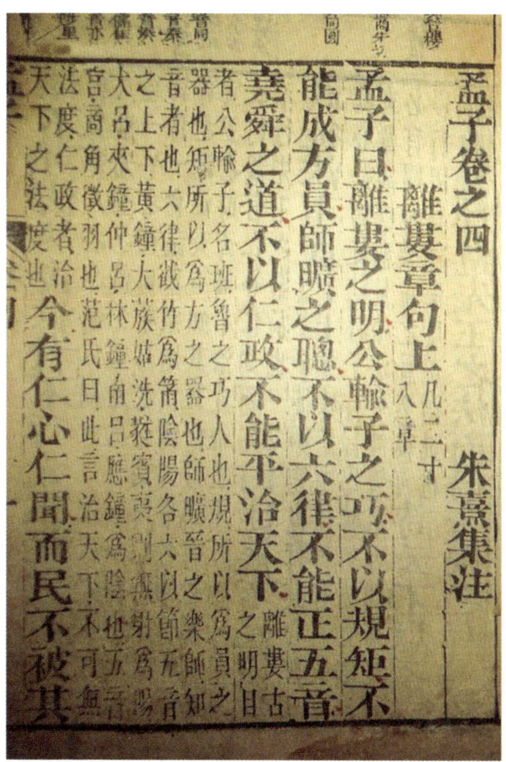

孟子卷之四

離婁章句上 凡二十八章　朱熹集注

孟子曰離婁之明公輸子之巧不以規矩不能成方員師曠之聰不以六律不能正五音堯舜之道不以仁政不能平治天下 離婁古之明目者公輸子名班魯之巧人也規所以爲員之器也矩所以爲方之器也師曠晉之樂師知音者也六律截竹爲筩陰陽各六以節五音之上下黃鍾大蔟姑洗蕤賓夷則無射爲陽大呂夾鍾仲呂林鍾南呂應鍾爲陰也五音宮商角徵羽也范氏曰此言治天下不可無法度仁政者治天下之法度也

今有仁心仁聞而民不被其

《孟子序说》书影（清代木刻版）

在《公孙丑》上篇的第二章中，对这“四十不动心”中的岁数问题，您洋洋洒洒地做了一篇千余字的大文章，其内涵似乎比“四十而不惑”更丰富、更深刻。您能对此作进一步的分析吗？

“生民未有”匾额

匾额为清代雍正皇帝御笔题书，语出《孟子·公孙丑》。

孟子： 我是想在孔子的“四十而不惑”的基础上有所发展，把人生四十这一黄金岁月领悟得更透些。我的意思有几层：其一，我所谓的“四十不动心”，是讲心志之坚定。到四十岁的时候，看准了一个方向，就朝着那个方向走，“不动心”就是不受外界干扰，勇往直前，“虽千万人吾往矣”！千人万人在那里说三道四，我都不怕，我走我的路。其二，“不动心”更是指一种坚持精神。在这一章中，我讲了个“拔苗助长”的故事，就是说，操之过急，结果会适得其反，“非徒无益，而又害之”。其三，“不动心”还表现在“知言”上，无论是偏于一方的“诐辞”、言不及义的“淫辞”，还是背离正道的“邪辞”，都能一眼看穿，都能不为所动。其四，也是最重要的，对我来说，所谓“不动心”，是找到了安身立命的根本，那就是孔子的学说，我认定孔子是最伟大的，“自生民以来，未有盛于孔子也”，我一生跟定了孔子学说，毫不动摇，“乃所愿，则学孔子也”。

《孟子·公孙丑》（赵岐注）书影

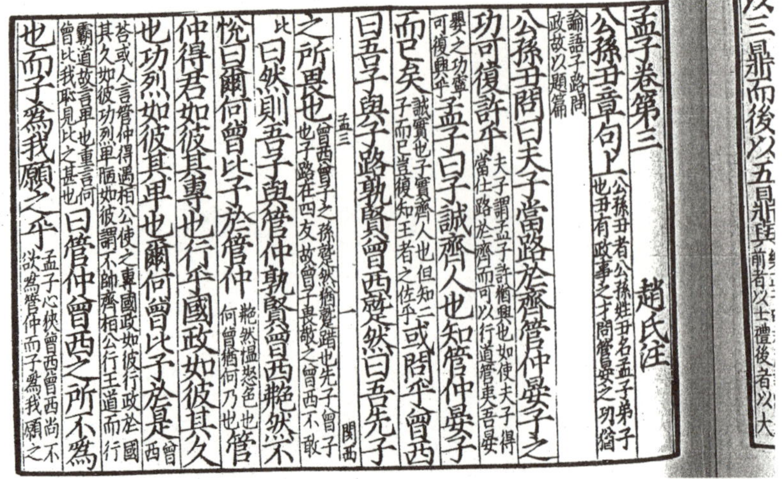

孟子卷第三　趙氏注

公孫丑章句上　公孫丑者公孫姓丑名孟子弟子也丑有政事之才問管晏之功猶論語子路問政故以題篇

公孫丑問曰夫子當路於齊管仲晏子之功可復許乎　夫子謂孟子許猶興也如使夫子得當仕路於齊而可以行道管夷吾晏嬰之功寧可復興乎

孟子曰子誠齊人也知管仲晏子而已矣　誠實也子實齊人也但知二子而已豈復知王者之佐乎

或問乎曾西曰吾子與子路孰賢曾西蹵然曰吾先子之所畏也　曾西曾子之孫蹵然猶蹵踖也先子曾子也子路在四友故曾子畏敬之曾西不敢比

曰然則吾子與管仲孰賢曾西艴然不悅曰爾何曾比予於管仲　艴然慍怒色也何曾猶何乃也

管仲得君如彼其專也行乎國政如彼其久也功烈如彼其卑也爾何曾比予於是　曾西答或人言管仲得遇桓公使之專國政如彼行政於國其久如彼功烈卑陋如彼謂不帥齊桓公行王道而行霸道故言卑也重言何曾比我取見比之甚也

曰管仲曾西之所不為也而子為我願之乎　孟子心狹曾西曾西尚不欲為管仲而子為我願之

您四十多岁的时候，齐威王为了富国强兵，广招天下贤士，办起了“稷下学宫”。您也在被招之列，成为首批稷下先生，从此也就开始了多年的周游列国之旅。请问先生，您的列国之行，也与孔子一样是文化之旅吗？

“稷下学宫”遗址

不管孟子是否就是稷下先生，可以确定的是，孟子长期居于齐国，他的思想颇受稷下学者的影响，如关于“养浩然之气”的思想，就有学者认为是受稷下先生宋钘、尹文“气论”的影响。

孟子：说是文化之旅，那是很贴切的。我们都是文化人，不搞文化宣传，还能干啥？不过，我与孔子的列国之行侧重点有所不同。孔子是为“追迹三代之礼”而远行，他老人家的眼光更远大。为了未来，他要访古。因此，他老人家着重于对三代文化的考察和研究。而我，则较为直接地面向现实社会，希望通过我的考察和说教，使现实社会有所改观。《孟子》一书在第一章里就开宗明义说到我会见梁惠王时的情景。梁惠王问我“不远千里而来”的缘由，问是否能给这个国家带来“利”，我直截了当地回答他说，我是为宣传“仁义”而来。在后来的一系列周游之行中，我可以说是不改初衷。

在陈绝粮

上图选自明彩绘绢本《圣迹之图》。说楚国派人来聘请孔子去楚，孔子答应前去。陈国和蔡国的大夫商议道：“孔子若被楚重用，陈国和蔡国将有灭亡的危险。”因此联合派兵在陈围住孔子。粮食吃完了，弟子们病倒了，孔子却一直在弹琴唱歌，不为所动。后来子贡请楚昭王派兵来迎接，孔子才免除厄运。事见《史记·孔子世家》等。孟子从孔子艰辛的列国之游中，获取了教益，也坚持“千里”之行。

您说得不错，孔子是“好古”，而您是“重今”。这方面的分野，决定了您的出游路线图是不会与孔子相同的。现今，人们为您画出的出行路线图至少有五幅：司马迁在《史记》中画出的路线图；《孟子》一书中您自己画出的路线图；元代程复心在《孟子年谱》中画出的路线图；东汉应劭写的《风俗通义》中画出的路线图；周广业在《孟子四考》中画出的路线图。先生，您以为哪幅图更接近于实际？

孟子：要我说，那当然认可我在《孟子》一书中自己画出的路线图了。我从邹出发，先是接受齐威王的邀请，到了齐国，我与齐威王坐在一起，结果各说各的，谈不拢。事实上齐威王用了不少人，如孙子、田忌等，就是不用我孟轲。我离开齐国之后，到了宋国。宋偃王表面上说要行仁政，实际上并不是这么回事，于是，我又回到了故国邹。不久又到了鲁国，鲁平公本想接见我的，但因有人从中挑拨，结果连见次面的机会都没给我。于是，我离开鲁国到滕国去，那是个无足轻重的小国，我提出了“制民之产”的治国方略，结果又是不了了之。后来我与梁惠王有次著名的“利义之辩”，双方相持不下，当然不会有什么结果。不久，梁惠王就死了，继位的是梁襄王，我与此人一接触，就觉得“望之不似人君”，因此，也就对他不抱多大希望了。经过那么多年的周折，我思考了一番，觉得还是齐国有些文化底蕴，可能会有所作为，于是又到了齐国，结果还是谈不拢。晚年，我回到了自己的父母之邦——邹国，以著述为业。

孙武像及《孙子兵法》书影

孟子所去的齐国，的确是很有文化底蕴的地方，这里正是武圣孙武的祖国。

孟府浮雕

通过这幅路线图，我们可以很容易地看出：您在出行中接触的人物明显与孔子不同。孔子接触了大量民众，接触了各国的志士仁人，而您则把目光聚焦在国君身上。现在回过头来看，您不觉得其中有些许遗憾吗？

孟子像

此像反映的是孟子中晚年出游时的风貌。

孟子：是有些憾意。孔子出游，国君多次为他预备了舒适的住处，可他不住，而是住在贤人或朋友的家中，从中获取了大量有价值的文史资料。而我似乎在这方面的意识没他那么强。我虽然也接触了一些民众，但与孔子相比，则差多了。在这点上，我得向孔子学习。

子西阻封

下图选自明彩绘绢本《圣迹之图》。说的是楚昭王打算把书社七百里之地封给孔子，楚令尹子西劝谏说："国君的使节有像子贡的吗？辅相有像颜回的吗？将帅有像子路的吗？官员有像宰予的吗？孔子得到封地以此为根据地，又有贤能的弟子辅佐，这不是楚国的福分啊！"楚昭王就打消了封地给孔子的念头，于是孔子又从楚国返回卫国。事见《史记·孔子世家》。孟子对孔子的这一挫折经历感同身受。

孟庙古树

孟庙里的古树是一大奇观，上图是离龟树几步之遥的蛇树。

出游时与人交往的态度，也是很值得研究的。孔子的学生子禽问子贡，老师到一个国家，人家就把家底告诉他，他是“求之”，还是人家“与之”？子贡的回答很明确：“夫子温、良、恭、俭、让以得之。”其意是说，他采取这样温和的态度，人家自然就与他贴心了。请问，先生能做到这一点吗？

颜渊像

颜渊，名回，字子渊，孔子高足，是孟子心目中的圣人。颜回以舜为志。《孟子·滕文公上》记其语曰：“舜何人也，予何人也？有为者亦若是。”显然，孟子以颜回与舜、稷“同道”。

孟子：说来惭愧，我在态度问题上，是不能与孔子相比的。史书上都记载了，我“好辩”，动不动就与人家辩个没完没了。我相信我说的那些是真理，所以我坚持己见，结果被人视为“迂远而阔于事情”的人。“迂远”指的是迂执而不着边际，“阔”指的是好讲大话。当时的国君都很实惠，谁能把国家立马搞上去就用谁。我的那些高论，要等到猴年马月才能见效呢？因此没人理睬。又加上我“态度”不好，谁肯听我的？

我的确“迂”，的确“阔”，那也是生性使然，实在没有办法。我的父亲名“激”，人如其名。我有点像我的父亲，也好激动。但我与孔子一样，有一颗真诚的心，有救百姓于水火的宏愿，有了这两条，我觉得也就宽慰了。

孟府中的天震井

天震井碑碑刻记载：“康熙十一年（1672年），庙前演戏，忽日中声震如雷，闻者环顾失色，见阶前陷有甓甃圆痕，熟视乃井也。”

在态度问题上，在我们看来，您不只是“迂”和“阔”的问题，简直是与那些王者一接触就顶牛，并公然批判他们。后人有言：“辱骂与恐吓绝不是战斗。”您那样做，有时简直近于辱骂与恐吓了，那些王者怎么受得了？他们不会用您，也可以说是情理之中了。

孟府所藏之汉代玉刀及“七篇贻矩”藏印

孟子：那倒是言之有理的。我想，这要从两方面来分析。一是说明我太不注意方式方法了，儒家应该是讲柔道的，而我这个儒者在为人处世上就不太“柔”得起来。二是说明我理直气壮，正气浩然。在与梁惠王交谈时，我一开始就批评对方“王好战”（《孟子·梁惠王上》），说人家是好战之徒，这让人家怎么受得了？见过梁襄王后，马上对人说“望之不似人君”，如果此言传到他的耳朵里，他是怎么也高兴不起来的！还有批评齐宣王“王之不王，不为也，非不能也”，也是显得过于直来直去。当齐宣王说“寡人好勇”时，我马上顶真地说“王请无好小勇”。另外，当邹穆公向我倾诉在邹、鲁对峙之中老百姓不肯站在他一边时，我说了句“出乎尔者，反乎尔者也”，等于是骂他“自作自受”。这些都是对方不能接受的。从总结经验教训上说，这样做都是不太妥当的。

侧耳听泉树

孟庙天震井畔石栏东侧，有一古柏奇妙地长有树耳，观者触景惊叹，谓之“侧耳听泉”，众人称道，约定俗成，故名。

您花了不少的时间在出游上，至少有十多年吧，现在回过头来看看，您觉得那样跑来跑去，值得吗？换句话说，究竟有无所得？

孟子： 当然是值得的，也是有所得的。这在《孟子》中多有说明。我在《孟子·梁惠王上》中说了这样一句话："今夫天下之人牧，未有不嗜杀人者也。"这句话的潜台词是，那些站在政治舞台上看来威风凛凛的"人牧"，全都是红了眼的"嗜杀人者"，要想依靠这些人行"仁政"，那是怎么也不可能的。如果没有周游列国，我就不可能得出这样的结论。后来我能把目光完全转向民众，提出"民贵君轻"之论，这与我在周游中思想认识的飞跃是分不开的。

钺器

上图为商后期妇好钺，饰有两虎大张口扑一人头图，意为两虎相争吞食人头。钺为武器，反战的孟子是不喜欢这种器物的。

亚圣府

亚圣府，即"孟府"。门楣正中悬有"亚圣府"贴金大字的匾额。

您周游回国后，司马迁说您做了三件事："序《诗》《书》，述仲尼之意，作《孟子》七篇。"请问先生，这三件大事中，在您看来，哪一件更为重要？

王应麟像

王应麟，南宋官员、学者。他信奉孟子的"性善"论，强调"养心""尽性"，说："求在我者，尽性于己。"王氏思想还有多处与孟子契合，最明显的是他继承发扬了孟子的"民贵君轻"论。相传他编撰的《三字经》中曰："孟子者，七篇止。讲道德，说仁义。"

孟子：说哪一件更重要些，实在难以作答。应该说，这三件事是连在一起的。第一件是"序《诗》《书》"，这里的"序"，同"叙"，也就是理顺。不是去理顺《诗》《书》的原文，那个工作孔子已经做过了，我要理顺的是对这些经典的理解或者说是注释。可惜这方面的材料没有留存下来。这对我来说能增强文化根底或者说是提高文化修养。第二件是"述仲尼之意"。这里的"述"与孔子的"述而不作"又是两回事。孔子的"述"是阐述，而我的"述"是遵循、继承和师承。真正读懂孔子是在我的晚年。第三件是"作《孟子》七篇"，那是创作。三件事是连在一起的，哪一件都少不了。

胡瑗像

胡瑗与孙复、石介并称宋初三先生，是宋代理学的重要人物。他精通儒家经术，经常引用历史事件来解易，并援儒入易，从《论语》《孟子》《中庸》等儒家经典中引用了大量的例子来解经。后人称胡氏为"以儒解经"之宗。像载《三才图会》，明万历刻本。

能不能这样说，三件事中贯穿着一条主线，那就是光大和弘扬孔子精神，当好孔门的私淑弟子？

孔子像

在孟子心目中，孔子是一生学习的榜样。此为唐代吴道子所画《孔子像》。图写孔子全身，孔子隆鼻厚唇，门牙外露，凸目垂耳，佩剑拱手，形貌异人。题刻“吴道子画”四字。

孟子：说得很对。还是那句话：“乃所愿，则学孔子也。”学经典是为了学孔子，作《孟子》也是为了学孔子，中心是为“述仲尼之意”，彻底弄懂孔子学说的旨意。这不是一件容易的事。当时的人们，包括孔门弟子中的某些人都有点浮躁，不肯静下心来研究老师的学说，有些人干脆把孔子学说抛在一边，自己干自己的。而我不是这样的，我一直在尽力阐释、弘扬孔子学说。直到生命的最后时刻，我都不敢说自己已经弄懂了孔子的微言大义。

“道阐尼山”匾

亚圣殿正中门额上悬挂的匾，为乾隆皇帝手书。

您对墨家作了激烈的批判，认为“杨墨之道不息，孔子之道不著，是邪说诬民”（《孟子 · 滕文公下》），对墨家持否定态度。这是否与您从事学术思想研究的实践相矛盾？

鲁司寇像（元代木刻）

孔子戴冠，穿斜领素服，长眉乌须。在孟子心目中，孔子是其一生学习的偶像。

孟子： 应该说并不矛盾。我是针对杨朱与墨子的伦理学说而言的。杨朱主张个人第一，目无君上；墨子要不分亲疏讲兼爱，是无君无父。若果真如此，人与禽兽还有什么区别呢？我在批判墨子的同时也吸取对方的长处，并未一概否定，而是对立中又相互渗透。正如后来的班固评说的：“相反而皆相成也。”（《汉书 · 艺文志》）当然，回过头来看，我对墨子的批判，是有些主观了；说其学说是“邪说”，也不符合实际。

孟府一角

孟府内置有“日晷”和“嘉量”。

二问孟子

说到作《孟子》一书，学术界至少有三种说法。一种是说《孟子》一书全由您孟子一人创作。一种是说该书是您过世后由弟子万章、公孙丑等人记述的，正如当年孔门弟子编《论语》一样。还有一种说法是该书创作有万章等学生参与，但主要作者还是您本人。您认为哪种说法符合实际？

孟子：第三种说法比较符合实际。我活到了八十多岁，比孔夫子还长寿。因此，回国后，我至少有一二十年的时间可从容地整理自己的言行。不像孔夫子，周游列国回国后的第三年就仙逝了。当然，其时我毕竟已年迈体衰，得请弟子当当助手，那也是情理中的事。至于我死后弟子们增删《孟子》，那也是完全正常的。

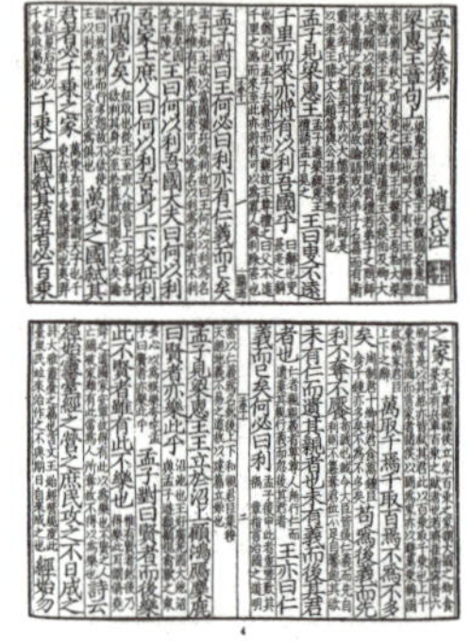

《论语》(朱熹集注)书影(上)与《孟子》(赵氏注)书影

退修诗书

选自明彩绘绢本《圣迹之图》。说孔子四十二岁时，鲁昭公去世，鲁定公立，大夫季孙氏凌驾国君之上，而他的家臣又掌握着鲁国的实权。对此，孔子甚为不满，又不愿出仕为官，于是潜心修订《诗》《书》《礼》《乐》，教授弟子，众至三千，“至自远方，莫不受业焉”(《史记·孔子世家》)。这正是孟子学习的典范。

第二章 人性本善

孔子在世时，"罕言性"，即对所谓的人性问题不感兴趣。可是，过了一百多年，对人性问题的关注又热门起来，有的说是"人性恶"，有的说是"人性善"，有的说是人性中有善有恶，有的说人性无所谓善与恶。反正是各执一词，争论不休。孟子是坚定地站在人性"本善"这一边的。他从人性善，推出人原本就有"仁心"，推断出仁政和王道……

宋代大学问家王应麟实在了不得，他在所著的《三字经》的首章只以“人之初，性本善。性相近，习相远。苟不教，性乃迁”这短短十八字，就把“性善论”的基本理论完美地表达出来，并以此影响了中国的启蒙教育千年以上。这十八字中的“人之初，性本善”六字，出自您孟子之口，而接下去的“性相近，习相远”六字，取自《论语·阳货》，为孔子所言。他这样处理，先生以为意图何在？

孟子：很清楚，这是为了给我的“性善论”作注，说明我的“性善论”的根底还在于孔子的学说。其实，那是极其牵强的。大家都知道，孔子是“罕言性”的。至于《三字经》中那没头没脑的“性相近，习相远”六字，我怀疑是为了证明“至圣”和“亚圣”在理论上的血脉相通而被后人添加上去的。就是假定孔子说过“性相近”之类的话，那也只能证明他老人家认为“性”无所谓恶，也无所谓善，“性相近”就是说人性难以区分，而不能证明他就是说“性善论”是对的。我要说句老实话，孔老夫子是我最为敬佩的人，但在人性论上，他有所不周。在人性论上把我与孔子联系起来，不那么妥帖。

孔子（左）与孟子神位

孟府内宅门

门两侧悬着雕花垂珠，工艺相当精美。

如果问题果然如您所言，那么在孔子、墨子这些显学领袖看来无足轻重的人性问题，为何过了一个多世纪以后，突然又热门起来呢？

子贡像

子贡是孔子的得意门生，利口巧辞，善于雄辩。孟子常以子贡为师，且借他的口说："学不厌，智也；教不倦，仁也。仁且智，夫子既圣矣！"（《孟子·公孙丑上》）

孟子：那也可以说是势所必然。从一定意义上说，孔子之后的一百多年，是时势越来越严峻的一百多年。"春秋无义战"，那时还只是大国之间的争霸，小国则是跟着受罪，而到了我所处的那个时代，不只诸侯之间战争绵绵不绝，大夫也跟着闹事，陪臣也跟着闹事，一些地方势力也随意胡作非为，整个社会乱成了一锅粥。人心历来是与世道连在一起的。世道混乱不堪，会让人想起人心的"不古"。人性到底怎么啦？人人都会去想这个问题，思想家当然想得更多。于是，我提出了"性善论"，荀子提出了"性恶论"，杨朱提出了"人性善恶相混论"，告子提出了"人性无善无恶论"。说白了，不是我们这些人创造了理论，而是我们这些人各自反映了社会的某种思潮，我们充当的只是一些社会群体的代言人而已。

利簋（guǐ）及铭文

簋腹内底铸铭文四行三十二字，其意是说，周武王征伐商纣，在甲子那天岁星正在其位的早晨灭亡了商。孟子多次在书中赞誉周武王，但认为周武王违背周文王的"仁术"，以武力夺取天下，这样"血流漂杵"的记载正是高唱"仁人无敌于天下"的孟子所不能接受的。

当时社会矛盾是那样的尖锐，那样的突出，种种社会“恶”势力沉渣泛起，而您不是从“恶”的方面去思索，相反却认为人性是善的。这是出于怎样的一种理论思考？

周公像

周公姓姬名旦，亦称叔旦，周文王姬昌第四子。因封地在周(今陕西岐山北)，故称周公或周公旦，被尊为儒学奠基人，是孔子和孟子最崇敬的古代圣人之一。

孟子：我要纠正一下，这里不在于什么理论思考，而恰恰是对现实的体味。你想，在现实生活中，如果有一个小孩突然掉到井里或河里去了，这时，不管你与这个小孩的家长认识不认识，都会马上放下自己手中的活儿，伸出救援之手把孩子救起来。是为了结交孩子的父母吗？不是。是想求得别人的称赞吗？也不是。是想得到什么利益吗？更不是。这完全是出于人的天性。正是从这些具体得不能再具体的现实生活事例中，我得出了“人性善”的结论。

孟庙古树

孟庙古树多为松、桧、柏，而银杏、古槐、紫藤等点缀其间。

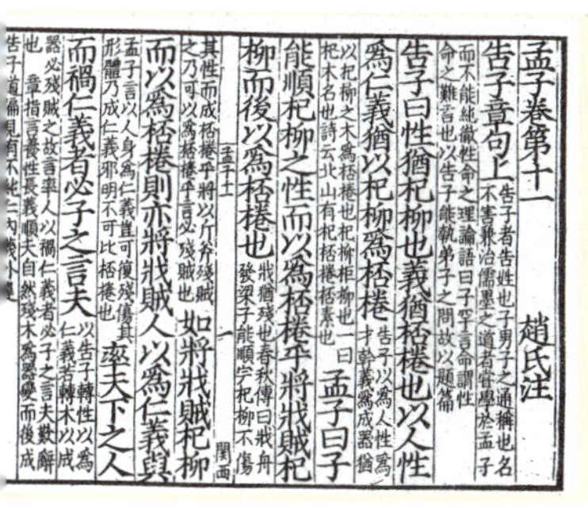

孟子卷第十一　趙氏注

告子章句上　告子者告姓也子男子之通稱也名不害兼治儒墨之道者嘗學於孟子而不能純徹性命之理論語曰子罕言命謂性命之難言也以告子能執弟子之問故以題篇

告子曰性猶杞柳也義猶桮棬也以人性爲仁義猶以杞柳爲桮棬　告子以爲人性爲才幹義爲成器猶以杞柳之木爲桮棬也杞柳柜柳也一曰杞木名也詩云北山有杞桮棬桮素也

孟子曰子能順杞柳之性而以爲桮棬乎將戕賊杞柳而後以爲桮棬也　戕猶殘也春秋傳曰戕舟發梁子能順完杞柳不傷其性而成桮棬乎將以斤斧殘賊之乃可以爲桮棬乎言必殘賊也

如將戕賊杞柳而以爲桮棬則亦將戕賊人以爲仁義與　孟子言以人身爲仁義豈可復殘傷其形體乃成仁義邪明不可比桮棬也

率天下之人而禍仁義者必子之言夫　以告子轉性以爲仁義若轉木以成器必殘賊之故言率人以禍仁義者必子之言夫數辭也

章指言養性長義順夫自然殘木爲器變而後成告子道偏見有不純仁內義外

《孟子·告子上》(赵氏注)书影

在《孟子·告子上》里，孟子从鱼与熊掌不可兼得说起，论述了生命与道义不可兼得而舍生命以取道义的人生主张。孟子继承孔子“志士仁人，无求生以害仁，有杀身以成仁”(《论语·卫灵公》)的崇高人生精神，主张道义高于生命，主张为了崇高的道义，绝不苟且偷生。

二五问孟子

您曾与告子辩论过“水”与“人性”的问题。告子说，人性犹如湍急的水流，“决诸东方则东流，决诸西方则西流”，得出的结论是“人性之无分于善不善也”，而您则以水之下流喻人性，“人性之善也，犹水之就下也。人无有不善，水无有不下”(《孟子·告子上》)。先生，您想通过“水无有不下”的比喻来告诉人们怎样的思想?

孟子：在当时，人们还不明白“地心引力”这一科学原理。我是想通过“水无有不下”这一规律，来比喻人无有不善这一人性。水向下流，是一种自然现象，人有善性，也是一种自然现象。“人之可使为不善，其性犹是也”，即使做了“不善”事的人，其“性”原本还是善的。

承圣门

东为“启贤门”，西为“致敬门”。“承圣”二字，取孟子上继尧舜禹汤文武周孔统绪之含义。而“启贤”则含有赞颂孟子父母有“启毓圣贤”的贡献之意。

为了证明人的善性是天生的，您创造了“天爵”和“人爵”这两个新名词，说：“仁义忠信，乐善不倦，此天爵也；公卿大夫，此人爵也。”（《孟子·告子上》）这样一说，不是把问题复杂化了吗？您的用意究竟何在？

孟子： 不对，我这样说恰恰不是为了把问题复杂化，而是把人的善性简单化、通俗化。“爵”是一种赐予。在现实生活中，人们往往注重于“人”的赐予，而忽视了“天”的赐予。上天给了你一颗善心，你不去保存好这颗善心，还能算是人吗？后来朱熹说，孟子创造“天爵”一词，是为了让人们“修其天爵”，即不要把精力放在追求功名利禄上（人爵）而要认真修养自己的德性（天爵）。这就说到点子上了，准确表达了我的意思。

司母戊鼎及铭文

商王为纪念离世的母亲“戊”而作。祭祀之时，祭祀者把铭文和纹饰完整的一面朝向祭祀的牌位，把器物的背面对着自己。这种纹饰大多为饕餮纹，古人认为，它是沟通阴间和阳界的使者。也有专家认为，面目狰狞的饕餮就是早期的龙，是龙的一种变体。据说在烟雾缭绕之中，龙会把祭祀的信息带上天堂。孟子后来提倡“大孝”精神，与这类祭器有关。

孟府里的胡同

既然善性是天赐之爵，那么，对普天下的人来说，这种赐予是否一律平等？

孟子： 毫无疑问，都是一律平等的。在我那个时代，人们已经开始使用“人类”这个概念了，但究竟“类”在何处，还说不清楚。我对人类的“类”字作了分析，认为“人”就是“类”在“天爵”上，也就是说人人都有天赋之善性，“圣人与我同类”（《孟子·告子上》），从圣人，到作为一般人的“我”，上天都赐予了相同的善性。

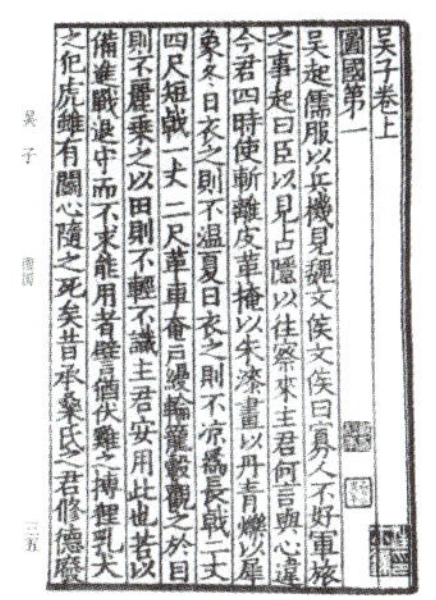

吴子卷上
圖國第一
吴起儒服以兵機見魏文侯文侯曰寡人不好軍旅
之事起曰臣以見占隱以往察來主君何言與心違
今君四時使斬離皮革掩以朱漆畫以丹青爍以犀
象冬日衣之則不溫夏日衣之則不涼爲長戟二丈
四尺短戟一丈二尺革車奄戶縵輪籠轂觀之於目
則不麗乘之以田則不輕不識主君安用此也若以
備進戰退守而不求能用者譬猶伏雞之搏貍乳犬
之犯虎雖有鬬心隨之死矣昔承桑氏之君修德廢

吴子 圖國 三五

吴起像及《吴子》书影

据刘向《别录》考，吴起所师为曾参之子曾申，而子思又是曾参的弟子、吴起的师叔，按辈算，吴起为孟子的师叔。

世恩堂院

孟府内宅第一进院落又名“世恩堂院”。

客观地说，人都应该是同类，但主观上是否人人都能认识到这一点呢？那可不一定。针对这种现象，您提出了“不知类”这个概念，并在多处提到了这个概念，后人对此也有种种说法。您能告诉我们“知类”和“不知类”的真谛吗？

孟子：所谓“不知类”，大致有两个意思：一是不知人与禽兽的区分，即把人混同于一般的禽兽，只强调“食色性也”，而忘记了此外还有更本质的东西；二是不知小人与大人的区分。我说过：“体有贵贱，有小大……养其小者为小人，养其大者为大人。”（《孟子·告子上》）宋代朱熹解释体之贵贱大小时说：“贱而小者，口腹也；贵而大者，心志也。”这就是说，只知道追求口腹之乐的人，最后只能沦为小人。

刖刑方鼎

作为反战斗士的孟子是不会容忍君主如此残害人性的。他提倡“民贵君轻”，主张“仁政”，故进而厌恶战争，诅咒好战者说：“此所谓率土地而食人肉，罪不容于死。”（《孟子·离娄上》）

许衡像

许衡，被称为元代一位百科全书式的“通儒”。崇信孟子的“良知良能”说。奉行知行并重，以治生为本，不为求官谋利所驱动；主张取之有度，用之有节。画像藏台北故宫博物院。

为了证明人生来就是性善的，您又推出了“人心”论。在先生看来，似乎“心”与“性”是类同的，甚至可以说是等义的。善性不就是善心吗？

西周鸭形盉

鸭头双目逼真，后尾上立人，双手套在盖环上，饰凤鸟纹。盖内有铭文。

孟子：在我们那个时代，总以为人要思想，就得靠那颗“心”。其实，我所说的“心”，就是现在你们常说的“大脑”。善性怎么表现出来呢？在我那时看来，就得靠不断搏动着的那颗“心”。人如果没心没肺了，还有什么人性可言？“人心同然”，人的向善之心是一样的，只是懂得这种人心有早有晚而已。“圣人先得我心之所同然耳”（《孟子·告子上》），圣人之所以成为圣人，是因为比一般人更早地发觉了这种善心。

孟庙中现存最大的石碑

碑额浮雕泰山祥云、二龙戏珠等图案，形象逼真。

在先生看来，心、性、天三者是合而为一的，实际上是一回事。是不是这样？

孟子：是这样的。“尽其心者，知其性也。知其性，则知天矣。存其心，养其性，所以事天也。”（《孟子·尽心上》）心、性、天三者在一个“善”字上统一在一起了。这是一种真正的“天人合一”论。天心即人心，人心合天心，人的一切所为，都是为了“事天”。“天人合一”，最早是由孟子阐述，后被汉代思想家董仲舒发展为“天人合一”的思想体系，并由此构建了中华传统文化的主体。战国以前的儒家只言阴阳而不论五行，而董仲舒将阴阳、五行学说合流并用，在其代表作《春秋繁露》中有所阐述。

越王勾践剑

黄宗羲断言：君主制造的这些武器是天下之大害。他在《原君》中对孟子“民贵君轻”等民本思想作了淋漓尽致的发挥。

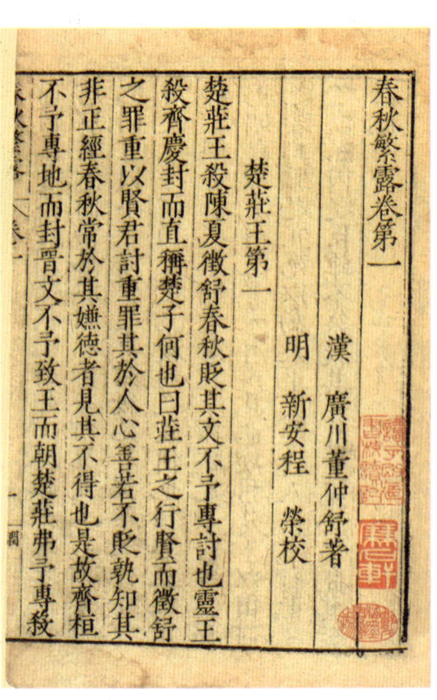

春秋繁露卷第一

漢 廣川董仲舒著

明 新安程 榮校

楚莊王第一

楚莊王殺陳夏徵舒春秋貶其文不予專討也靈王殺齊慶封而直稱楚子何也曰莊王之行賢而徵舒之罪重以賢君討重罪其於人心善若不貶孰知其非正經春秋常於其嫌德者見其不得也是故齊桓不予專地而封晉文不予致王而朝楚莊弗予專殺

《春秋繁露》书影

在先生看来，性善表现在四个大的方面，也就是先生一再强调的“无恻隐之心，非人也；无羞恶之心，非人也；无辞让之心，非人也；无是非之心，非人也。”（《孟子·公孙丑上》）其实，人性可以表现在许多方面，您为何要单单选取这四个方面来阐释一个“善”字呢？

老子墓

老子“居善地，心善渊，与善仁，言善信，政善治，事善能，动善时”的“七善”之论为孔子所阐发，也为孟子所弘扬。

孟子： 你所提的问题很重要。善心，也就是善性，换言之，也就是天性。我把性、心、天联系在一起了。善心可以表现为许多方面，但是，我经过仔细推敲、筛选，最后还是择取这“四端”。因为这“四端”正好可以配仁、义、礼、智“四德”。在你上面所引述的那段话后面，紧接着我就说：“恻隐之心，仁之端也；羞恶之心，义之端也；辞让之心，礼之端也；是非之心，智之端也。”而“仁、义、礼、智”四德正是孔子所提倡的。

曾侯乙编钟

出土于湖北随州西郊战国时代（约公元前433年）的曾侯乙墓中的编钟，是迄今发现的成套编钟中最引人注目的一套。这套编钟规模巨大，足以占满一个现代音乐厅的整个舞台。

上面这种说法，虽然大致可行，但总觉得有点勉强。比如，恻隐之心，说是仁心，虽然没什么不可，但更确切地说是一种对弱者的同情心。礼也不仅是辞让的问题，如丧礼、祭祖之礼，就不是辞让的问题了。先生明确地将“四端”配“四德”，大概是别有所图吧？

“仁廉公勤”官箴碑(明代)

此碑立于致敬门门廊内西侧，碑文以凝练概括之语言阐明公正廉洁、勤政自律、辞让仁义的为官品质，体现的正是儒家思想。

孟子：你们不是常讲“接轨”吗？我这里也是一种接轨，是把我的“性善论”与孔学接轨。我早就说了，我所做的一切，都是为了“述孔子之意”，阐明孔子之学的本意，说“四端”与孔子的“四德”是一个意思，或说“四端”是对“四德”的诠释，那样理论上的可信度会更高些。

杏坛礼乐

下图选自明彩绘绢本《圣迹之图》。说孔子回到鲁国，然而鲁国仍然不重用他，孔子自己也不求出仕为官，每日在杏坛弹琴，与弟子叙《书》、传《礼》、删《诗》、正《乐》、赞《易》。弟子三千，身通六艺者有七十二人(事见《史记 · 孔子世家》)。后来，杏坛成了“万世立教”的首圣之地，也正是孟子当年朝拜的圣地。

恻隐之心、羞恶之心、辞让之心、是非之心，被您称为“四端”，这“端”字作何解呢？有的说：“端，直也。”（《说文》）遂有“端行”“端拱”“端伟”“端身”之解，引申为正直。是这样吗？

焚帛池

焚帛池为祭祀孟子祖先之后焚烧祭文处。

孟子：汉字内涵丰富，博大精深，读懂这个“端”字太重要了。这“端”字是一个伏笔，有了它，下面可做的文章就多了！“端”是什么？射线开始一头的点叫做射线的“端”，引申为起点。所以，这里的“端”就是发端，换言之，就是开始。我是说，人生下来就有善心，确切地说，是人一生下来就有善性，这是上天赋予人的，这一点上，对什么人都一样。可是，接下来的文章就要你自己去做了。我说了：“求则得之，舍则失之，是求有益于得也，求在我者也。”（《孟子·尽心上》）你不要以为生来就有善心就可以万事大吉了，其间有的人会得到更多的善心，有的人则会失去原先的善心！关键还在于自己，即所谓“求在我也”——求与不求、如何求，都取决于自我。

孟母殿

孟母殿位于启圣殿之后，为供奉孟子母亲的殿堂。

您说“求则得之”，在“求”字上，我们应该怎么来理解呢？

孟子： 对于“求”字，我认为至少应从以下三方面来理解：一是要知性，就是知道善是人的本性，这个本性也就是仁义礼智。二是要知类，我们是人类，“人皆可以为尧舜”。人之“类”中的每个人都可以在“善”字上下工夫。三是“存心”和“尽心”。有了“四端”，还要保存这种善心，这叫“存心”。有了善心，还要“尽心”，尽力地发扬这种善心，我又称之为“养性”。这是一种内心反省的功夫，叫做修养，也叫做“求”。君子、圣贤，都是“求”的结果。至于那些“舍则失之”的人，就会变成小人，成为懦夫、鄙夫、顽夫、薄夫，成为横民、盗贼，那当然是可悲的。

战国时的鸟首兽尊

孔子主张“贫而乐”，在贫困之时不改其乐。孟子宣称“富贵不能淫”，就是说面对如鸟首兽尊、凤鸟衔环熏炉、银首男俑灯之类奢华器具及其代表的物质享受时不要流连忘返、迷失本性。此言激励了无数仁人志士。

凤鸟衔环熏炉

炉顶立一展翅凤鸟，口衔圆环，工艺精美绝伦(陕西凤翔出土)。

战国中期的银首男俑灯

一男俑立在兽纹方座上，浓眉高颧，面带笑容，一手托，一手握，造型稳定，构思奇妙（河北平山出土）。

您在《孟子》的文稿中多次点到"顽夫""懦夫""鄙夫""薄夫"这样一类人物，您认为这些人失去了人的善性，是一种悲剧型的人物。对于这些人来说，还会有希望吗？

孟子：希望应该还是有的。这里有两个条件：一条是这些人要觉悟起来，要回头是岸，即使是"后觉"，只要有一天"觉"了，就为时不晚。二是要使先觉者来觉这些后觉者。"天之生斯民也，使先知觉后知，使先觉觉后觉。"（《孟子·万章下》）一个"觉"字，把普天下的民众结聚在一起了。只要先知与后知共同努力，"顽夫廉，懦夫有立志"也是完全可能的。

孟子故里牌坊

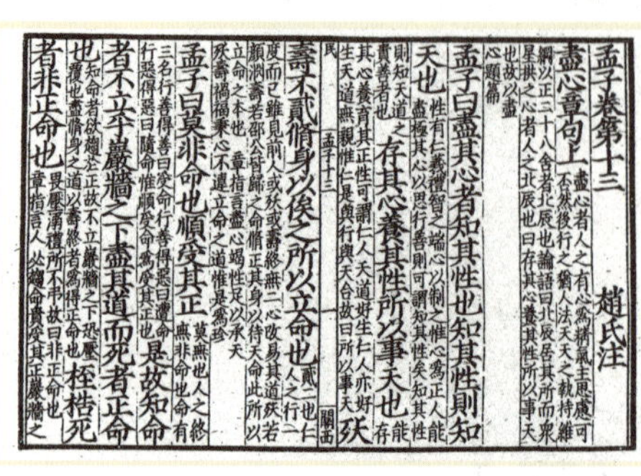
孟子卷第十三　趙氏注
盡心章句上
孟子曰盡其心者知其性也知其性則知天也
存其心養其性所以事天也
殀壽不貳脩身以俟之所以立命也
孟子曰莫非命也順受其正
是故知命者不立乎巖牆之下
盡其道而死者正命也
桎梏死者非正命也

《孟子・尽心下》(赵氏注)书影

您说了“性”以后，又搬出一个“命”字来，因此您的学说又被称为“性命之学”。请说一说“性”与“命”之间的关系吧！

孟子：这个问题，我在《孟子・尽心下》中有一段集中的论述。我说到，人喜欢美味，喜欢好听的声音，喜欢舒适，这些都是天性，但是否真能得到，就不可强求了，得由“命”决定。至于仁、义、礼、智，在实行中是否各得其所，那是命运问题，不是“性”所能决定得了的。我的意思是，“性”大有可为，而“命”则由天定，对人来说，还是随遇、随缘而安的好，不能也不该刻意而为。

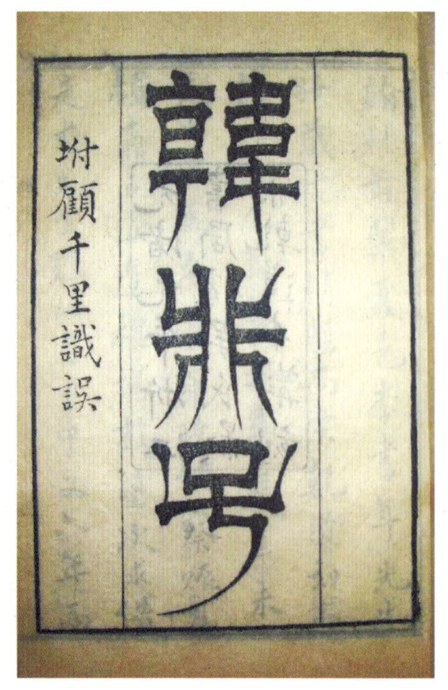
韓非子
増顧千里識誤

韩非像及《韩非子》书影

作为法家学派的代表人物韩非，对孟子的思想并非一味地批判、排斥，他把儒学列为“世之显学”。后世依《解老》篇对于“仁、义、礼”的阐释，认定“儒法一家”。《韩非子》中记载有大量关于孟子的言论，并从中作了取舍评说。

齐宣王有一次上朝时听人说有人正牵牛去宰杀取血用以涂钟，就命令把那头牛放了，说是因为想到那头牛发抖的样子心中有所不忍，后来让人换只羊取血。对此，您发了一通议论。您对齐王说，民众都认为用羊易牛是一种小气吝啬，但其实是大王有不忍之心。是这样吗？

老子像

儒学从老子的道学中吸取了不少养料。

孟子： 其实这是民众的误解。对于禽兽，一个君子看见它们活生生的样子，便不忍心看到它们被杀的惨状；听到它们的悲鸣哀号，便会不忍心吃它们的肉。君子远远地离开厨房，就是这个道理。我发议论，是为了向齐宣王宣传“仁政”并灌输“不忍人之心”的思想，应该说，这也是一种善心吧！

孟林“神道”

为了说明人性善，先生提出了“良知”“良能”这两个概念。这种“良知”“良能”，不只圣贤生来就有，其实每个人都生来就有。您的这一主张，被后来一些史学家、哲学家斥为先验论，您以为如何？

孟子：是否是先验论，我不知道，反正当时没有这个概念，我只是想说：“人之所不学而能者，其良能也；所不虑而知者，其良知也。孩提之童，无不知爱其亲者，及其长也，无不知敬其兄也。”（《孟子·尽心上》）“良知”“良能”这两个概念，意义上基本相同，是指人的爱亲敬兄的认识，是孩童生来所具有的，既不须思考，也不用学习，是先天带来的。我主张“养心”，即“养心莫善于寡欲”，“心”尚未受到声色的引诱和污染，“良知”“良能”未遭到物欲的斫伤，基本上是完美无缺的。

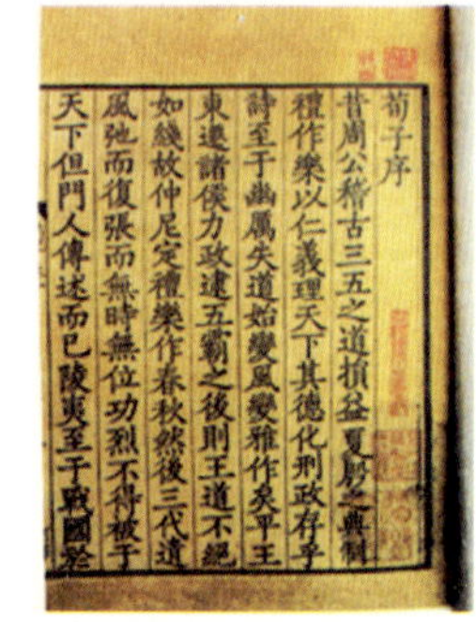

荀子序
昔周公稽古三五之道損益夏殷之典制
禮作樂以仁義理天下其德化刑政存乎
詩至于幽厲失道始變風變雅作矣平王
東遷諸侯力政逮五霸之後則王道不絕
如綫故仲尼定禮樂作春秋然後三代遺
風弛而復張而無時無位功烈不得被于
天下但門人傳述而已陵夷至于戰國於

荀子像及《荀子》书影

孟子主张人性善，是性善论的典型代表；荀子主张人性恶，是性恶论的典型代表。他们的人性思想虽然是对立的，但目的却是一致的，即都主张加强后天的道德教育，以不断完善人自身。

康熙御碑亭

碑亭重檐翘角，斗拱承托，绿色琉璃瓦覆顶，贴金彩绘，富丽堂皇。亭内放置清康熙“御制孟子庙碑”。

“杀身成仁”是孔子的主张，“舍生取义”是先生的见解，“成仁”“取义”两者之间是不是有共通之处？

司马迁像

汉史学家司马迁对孟子尤其尊重，在《史记·孟子荀卿列传》这篇包括十几个人的故事的列传中，司马迁独对孟子倍加赞叹，认为他继承了“以民心视天心”的思想观点，并作了积极的发挥，赋以“君子用，小人退”，“贤人隐，乱臣贵”的内容，此为一大胆创新。

孟子：我作为孔子的私淑弟子，我的许多见解是对老师思想的补充和发挥，其间不乏共通之处。“志士仁人，无求生以害仁，有杀身以成仁。”（《论语·卫灵公》）意谓必要之时，为了“仁”，连牺牲生命也在所不惜。我承继这一思想，用鱼与熊掌两者不可兼得作比喻：鱼是我喜欢的，熊掌也是我喜欢的，当两者不能全得而只能取其一时，我舍鱼而取熊掌。同样，“生，亦我所欲也；义，亦我所欲也，二者不可得兼，舍生而取义者也”。

乾隆碑亭

承圣门右侧的乾隆碑亭，内为乾隆帝题写的“述圣子思子赞”。

孟子像

亚圣殿内正中供奉孟子像，榻上有雍正皇帝手书“守先待后”横匾。

第三章

乐育英才

如果说孔子是中国私学第一人的话，那么，孟子无疑是紧随其后的第二人。孟子的学生虽没孔子多，却也桃李满天下，从者常有数百人。孟子设教招徒时，标榜“往者不追，来者不拒”，来来去去十分自由。孟子以“得天下英才而教育之”自许，事实是：入孟门者未必为英才，而出孟门时必为英才，教育的效果十分明显。黄宗羲作《孟子师说》，认为：“学其学者，讵止千万人千百年。”千万人，是指受教者人数之众，不只是直接受教者，还有更多受孟学影响者。千百年，指教育泽益时日之长。孟子的不朽也正在于此。

您曾说过这样一段话:“人之有道也,饱食、暖衣、逸居而无教,则近于禽兽。圣人有忧之,使契为司徒,教以人伦:父子有亲,君臣有义,夫妇有别,长幼有序,朋友有信。”(《孟子·滕文公上》)这段话告诉人们,有无教育是人与禽兽的根本区别。这与前面说到的人性“求则得之,舍则失之”有什么联系?

孟子: 事实上说的还是一回事。人性的基本方面不在于“饱食、暖衣、逸居”,这些禽兽也能做得到。人的可贵之处在于懂得人伦,也就是前面说的“四德”。人伦不可能自然而生,它要靠我们去“求”,这个“求”,最根本的办法就是教育,也就是我说的“教以人伦”。

黄宗羲像

黄宗羲提出的“以天下万民为事”思想与孟子的“民贵君轻”思想是一脉相承的。

陆贽像

陆贽,唐德宗时为翰林学士,有“内相”之称。他依据孟子“以善养人”“民贵君轻”“得乎丘民而为天子”“保民而王”“行仁政而王”等一系列极富光辉的政治命题,得出了为政之道在于“养人立国”的观念,指出:“建官立国,所以养人也;赋人取财,所以资国也,故立国而不先养人,国固不立矣。”画像藏台北故宫博物院。

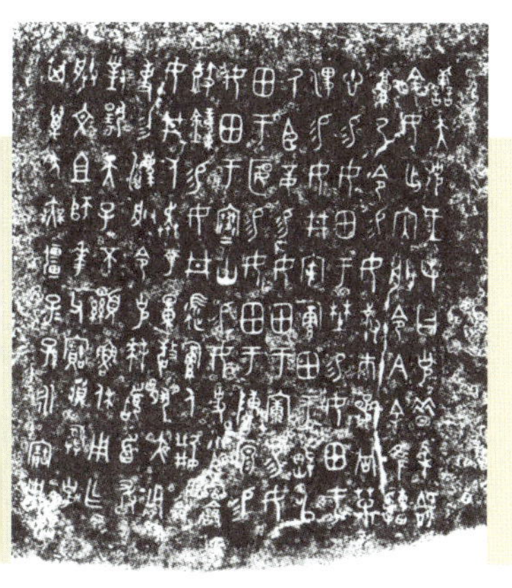

大克鼎铭文

铭文记载周王赐克为传达政令之官，并歌颂克的祖父师华父曾辅佐王室，有盛德。

有人说，以“教以人伦”作为教育的基本任务，这是教育上的一种偏颇，那样做，知识教育还要不要？有人还说，西方教育是解析式的，分科很细，而中国教育是混沌式的，只是以“教化”囊括一切，说这是一种教育上的落后，也造成了国力上的落后。您能接受这样的批评吗？

孟子：完全不能接受这样的批评。人伦，是中国古代儒家伦理学说的基本概念之一。其所规定的人与人之间的关系，特指尊卑长幼的关系，我力主“教以人伦”：父子有亲，君臣有义，夫妇有别，长幼有叙，朋友有信。《汉书·东方朔传》有言：“上不变天性，下不夺人伦。”人伦睦，则天道顺。管仲在《管子·八观》说：“背人伦而禽兽行，十年而灭。”可见“教以人伦”之重要。我提倡的“教以人伦”，在古代是世界教育的典范，总体而言推动了中国社会的发展，具有重大的现实意义和强大的生命力。如果不讲“人伦”而只是让学生学一点数理化，我们的教育将成为怎样的教育啊！谁都知道，整个人类的教育走了一个大大的“之”字形——先是综合的，到了后代，才有所谓“解析式”的分科教育，然而分科教育会形成偏科、只重智育轻视德育的现象，从“全面发展”看分科教育的缺陷也十分明显，于是，世界又回复到了更高层次的综合教育的轨道上来。现在的西方社会不也正在变“知识就是力量”为“人格就是力量”吗？教育的大趋势明显得很，“教以人伦”并没过时！

逨盘铭文

铭文中出现了十一个西周王的名字，这些先王多为孟子所推崇。

《管子》书影

您所说的"教以人伦"和如今联合国教科文组织提出的"学做人"似乎正好是契合的。是这样吗?

宋代马麟绢本笔绘孔子像

此图写孔子突额凹目,有"首上乌顶"之状,鼻准丰厚,牙露唇外,容貌不凡。身披开襟肥袖大袍,袖手当胸,目光炯炯,开腔欲言之态,十分传神。孟子的"教以人伦"继承了孔子的"成人"学说。

孟子: 不是一般的契合,应该说就是一回事。我说的教育使人走出禽兽世界,使人真正成为人,也就是孔圣人说的教育使人"成人"。没有教育,就不会有真正意义上的人。不管世界变成什么样,教育都须"教以人伦",教育就是"学做人",这是永恒的真理。

孔子讲学图(南宋)

您提出了著名的“君子三乐说”，即所谓：“父母俱存，兄弟无故，一乐也。仰不愧于天，俯不怍于人，二乐也。得天下英才而教育之，三乐也。”（《孟子・尽心上》）这似乎也是脱胎于孔子的快乐生活原则的，是这样吗？

三人行图

孔子说：“三人行，必有我师焉。”提倡向别人学习，孟子继承了这一思想，极力反对“好为人师”。

孟子： 是的，我的一些生活大原则，都是脱胎于孔圣人的。孔圣人对弟子说，一个真正的君子，即使处于“穷途”中，也要生活得很快乐，而学习是永远快乐的事。我在这里把孔夫子的思想点化成三条：在家庭生活中要快乐，在社会交往中要快乐，在学习生活和教学生活中要快乐。这里说的快乐，就是指和谐。和谐了才能有快乐。整天吵吵闹闹，磕磕碰碰，争斗不息，生活还有什么乐趣可言？还能其乐无穷吗？

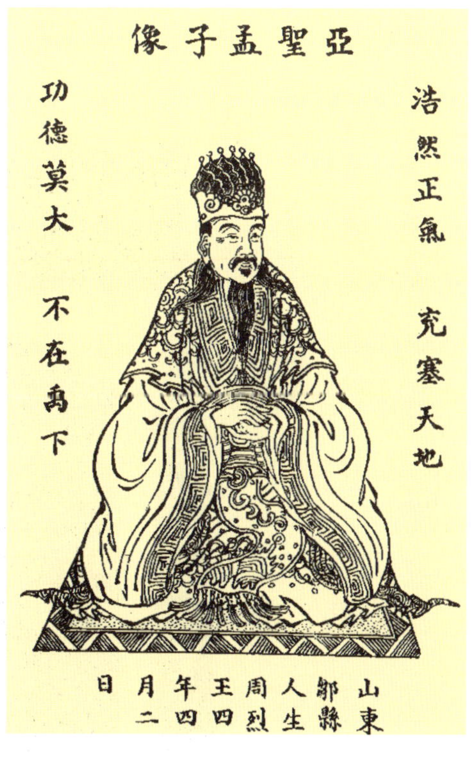

孔孟相伴图（清代）

至圣孔子图左上绘日轮，中书“日”字，含义甚深。

不少人感到您说的“得英才而教育之”这句话难以理解，认为，既然是“英才”，那还用教育？另外，您说的教育英才，与时下说的“英才教育”是一回事吗？

匡人解围

孟子对孔子出游时遭遇的“匡人解围”“西河返驾”等厄难感同身受，在《孟子》一书中多次提到“孔子之厄”。

孟子：我所说的“得英才而教育之”中的“英才”，与后来人们通称的“英才”两字的字义是不很相同的。英才之“英”，有一义项为“草木初生的苗”。“育英才”就是培育幼苗的意思，这与后世把教师比作“园丁”的意思比较接近。不然，既已成为英俊贤才，何须再受教育？它与后来的“英才教育”更是风马牛不相及的。后来的“英才教育”实际上是一种择优教育，专门面对所谓的“高智商”者进行的一种特殊教育，而我的“得英才而教育之”是一种普及教育，是一种平民教育，是面向所有人和所有社会群体的。

孟府感恩堂

不过，孔子在说到“教”时，常常说“教诲”，将“教”与“诲”的界限区分得很清楚，而您多说“教育”，很少谈到“教诲”两字。这里的用词有何讲究呢？

清代彩印纸马《至圣宗师》

孔子头顶旒冠，坐于香桌前，桌上陈设香炉、蜡台和书籍。黑须黄袍者为孟子，受学于子思之门，故居于子思之下，世称“亚圣”。

孟子： 严格地说，“教育”与“教诲”是不尽相同的。孔子也是这样，在讲到国家教育时用“教育”两字，而在谈到私人教育时，用“教诲”两字。孔子为了强化刚刚产生的私学，因此多用“教诲”两字；我所处的时代有点不同了，私人教育已站住了脚跟而且有了较大的发展，而国家对教育的干预实在太少了。我为了强调教育是国家行为和社会行为，因此多用“教育”两字。

西河返驾

上图选自明彩绘绢本《圣迹之图》。说孔子由卫国去晋国，来到黄河边时听说窦鸣犊、舜华死了，旋即叹息道：美啊，浩荡的河水，我不能过河去晋国。是命啊！窦鸣犊、舜华是晋国贤良的大夫，赵简子未得志时牢牢依靠这两人，一旦掌握实权后就把他们杀了。鸟兽还知道避开不义的行为，何况人呢？于是孔子一行就返回卫国了。事见《史记·孔子世家》。这也是孟子所说的“孔子之厄”。

四六问孟子

《大学》主张，齐家、治国、平天下得先“修身”，并提出“以修身为本”的思想。有的学者认为，“修身为本”的思想源自先生。能这样说吗？

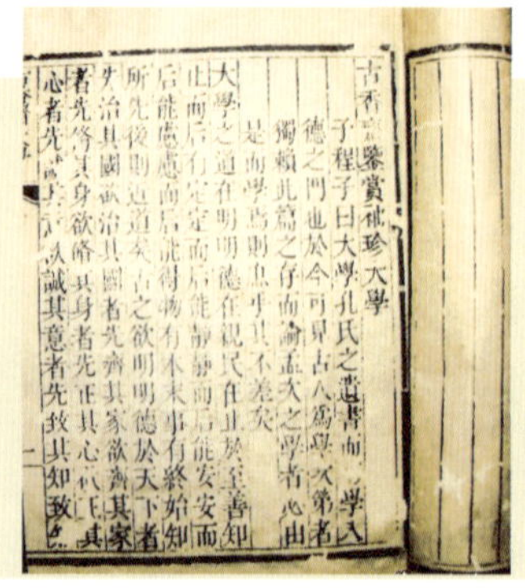
古香齋鑒賞袖珍 大學
子程子曰大學孔氏之遺書而初學入
德之門也於今可見古人爲學次第者
獨賴此篇之存而論孟次之學者必由
是而學焉則庶乎其不差矣
大學之道在明明德在親民在止於至善知
止而后有定定而后能靜靜而后能安安而
后能慮慮而后能得物有本末事有終始知
所先後則近道矣古之欲明明德於天下者
先治其國欲治其國者先齊其家欲齊其家
者先脩其身欲脩其身者先正其心欲正其
心者先誠其意欲誠其意者先致其知致

《大学》书影

《大学》原为《礼记》中的一篇论述修身治国的文章。唐代韩愈提出儒家道统论，开始讲“大学之道”。宋代“二程”称《大学》为“入德之门”。朱熹编定《四书》，将《大学》称为“大人之学”，并列于《四书》之首。

孟子：不确切。严格地说，《大学》是对孔子修身思想的概括。孔子倡导“修己”“修己以敬”“修己以安人”“修己以安百姓”（《论语·宪问》）。早就有“修身”之义了，我只是进一步作了发挥，提出：“君子之守，修其身而天下平。”（《孟子·尽心下》）我把“修身”与“平天下”之间的关系直接点明了，可以看成是对孔子“修己以安百姓”思想的进一步阐发。

孟府亭廊

有一种说法，认为您不提倡读书，因为您说过这样一句名言："尽信书，不如无书。"（《孟子·尽心下》）您这样说，是不是要大家别把注意力集中在书本上？

周武王像

《孟子》一书中，数次提到周文王、周武王，认为文、武王"方百里起，是以难也"，言辞十分肯切。

孟子： 这不是我的原意。我这里说的"书"是一种特指，指的是《书经》。我是说，《书经》上那些记载也不一定全都可靠，读者要自己动脑筋想一想，哪些是正确的，哪些是不太正确的，哪些又是错误的。"吾于《武成》，取二三策而已矣"，《武成》篇中记述的，我只是承认它中间的极少部分。当时，我认为像周武王这样讲"仁道"的人，讨伐商纣王这样极为"不仁"的人，怎么会血流成河呢？所以我不相信《书经》中的这个记载，才说了这段话，意在提醒人们，读书时应该加以分析，不能盲目地迷信书本。但是，我这里虽说是特指，后人读我这段文字时，将其泛化，使其成为读书做学问的一般原理，那当然也是可以的。我们读什么书，都不能"尽信书"啊！

兽面乳钉纹方鼎（郑州商城遗址出土）

原器通高一米，重八十六公斤，为王室重器，是国家权力的象征。

天亡簋铭文

铭文中有周武王灭商的记载。孟子当年借助于铭文等了解古圣先王之道。

先生有一句名言："学问之道无他，求其放心而已矣。"（《孟子·告子上》）我们知道，这句话的本意是：每个人本性中都有仁爱之心，只是有些人"有放心，而不知求"，因此，把仁心给丢失了。现在做学问，就是要把丢失了的"放心"找回来。这样一句"名言"，有何现实意义？

"礼门义路"匾额

孟子：从原本意义上讲，大概现在没有什么人会以为这话有积极意义了。什么"放心""不放心"的，谁弄得懂？但是，如果把"求其放心"理解成大家能懂的"专心致志""集中注意""排除杂念"，那还是有价值的。

孟庙东西两庑

两庑位于亚圣殿前，为供奉孟子弟子与崇孟有关的先贤先儒之场所。

哦，我们想起来了，您曾经讲过一个十分有名的掌故：一位古代的围棋高手收了两个徒弟。其中一人，专心致志，即使其人不那么聪明，但很快学有所成。另一人，虽然看上去很聪明，表面上也似乎在听，但“一心以为鸿鹄将至”，胡思乱想着怎么把天上飞过的大雁射下来，结果学了很长时间还是一无所成。这一掌故，成了学习方面的经典，我觉得这对后世来说，还是很有教育意义的。

子路问津

《孟子》一书，多次提到子路。在孟子笔下，子路是“闻过则喜”的人。

孟子：我也这样认为。人是否聪明，与他的先天条件有一定的关系，但对一个人来说，更重要的是看他个人后天是否努力。学问，学问，关键在于要“学”，要“问”。孔夫子认为自己不是生而知之者，他的学问就是从勤学中得来的。我讲这一掌故的意思也在于此。

启圣殿

该殿为供奉孟子祖辈之处。

与专心致志相关的，您还强调了学习的连贯性。您是以植物作比喻的，“一日暴之，十日寒之，未有能生者也”(《孟子·告子上》)。对此生物现象，有一种说法，认为就当时的条件而言，科学不够发达，交通也不方便，难以作出相关的验证，这只是您的一种猜想。不过，我们很欣赏您这句话，这个比喻还是很恰当的。

兽面纹青铜建筑构件（郑州小双桥遗址出土）

此物既是宫殿木梁前端的装饰，也是加固木梁的构件，显示出商王室建筑的气派。而到了孟子所处的战国时代，建筑又有了极大发展。

孟子： 我虽不是生物学家，但对生物现象还是有所了解的。这里，我以植物的生长作比喻：一棵植物，要生长好，就要有充足的阳光、雨露和水分，如果一天给它太多的曝晒（“一日暴之”），而其他的十天又用冷冻去摧残它（“十日寒之”），这棵植物的生命力再强，也是活不了的。一个人的成长，包括学习，也是这样，要有恒心，要善于坚持，要细水长流，那样才会成功。尽管比喻总是有局限的，但我想从总体看还是把道理讲明了。

泰山气象门

孟庙仪门门额上悬“泰山气象门”竖匾，取自程颐“仲尼，天地也；颜子，和风庆云也；孟子，泰山岩岩之气象也”之语。

您还有“学如掘井”之喻。“有为者辟若掘井，掘井九轫而不及泉，犹为弃井也。”（《孟子·尽心上》）您是说，花那么大劲掘到“九轫”了，你疲惫了，你不掘了，那还是等于不掘。学习半途而废，也等于不学。这样说是否有点绝对呢？

史墙盘及铭文（陕西扶风出土）

盘内有铭文二百八十四字，墙为赞颂文、武、成、康、昭、穆、共王七人的业绩，并祈求多福而作。这些君王是孟子极为推崇的。

孟子：不。掘九轫，快及“泉”了，可恰在此时，你怕苦了，畏缩了，不学了，“泉”还是没掘到，那与“不掘”有什么不同呢？不掘及泉与学习上的半途而废不是一样的吗？这样说，也许绝对了一点，但对学习者来说会有很大的警示作用。

孟庙里的种种赑屃（bì xì）

您说"君子之教"可以分为五种不同的情况分别进行，而第一种就是"有如时雨化之者"(《孟子·尽心上》)。这种教育方法在中国教育史上是影响极大的，能否对此加以说明？

孟子：这里关键是两个词眼：一是"时雨"。时雨，就是及时雨，"雨"要下得及时，当学生需要时"下"，而不是一天到晚地"下"，只有那样，效果才会好；二是"化之"，不是代替他，也不是强迫他，而是"化之"。这里的"化"，含有渐也、顺也、久也、服也等义，概言之，教化也，让他自己懂得道理，自己省悟，自己去做，这与孔子说的启发式教育是一个意思。

毛公鼎

毛公为周文王之子，封于毛，后世皆称其毛公。该鼎为纪念毛公而铸，鼎内有铭文四百九十九字，为传世青铜器最长之铭文，以褒奖毛公教化之功，与后世孟子的"时雨化之"暗合。

宋人伐木

选自明彩绘绢本《圣迹之图》。说孔子去曹国路经宋国，在大树底下给弟子讲课。宋国司马桓魋想加害孔子，令属下伐掉大树。弟子们劝孔子赶快离开，孔子说："上天把德行赋予我，桓魋能把我怎么样呢？"事见《史记·孔子世家》。孔子的"大丈夫"精神想必也大大感动了孟轲。

第四章 民贵君轻

历史喜欢嘲弄人。有这样一则掌故：明洪武五年（1372年），草寇皇帝朱元璋也故作斯文，手捧《孟子》，读起这位“亚圣”的圣书来。但是，当他读到《梁惠王》篇中孟子有“土芥”“寇仇”等语时，不禁勃然大怒，认为：“此非人臣所言！”马上命令把孟子牌位逐出孔庙，连四时八节的配享也取消了。至于孟子的书呢，说禁止出版有点说不出口，朱元璋就命令节文后发行。就因为孟子说了一通“民贵君轻”之类的话，说了“暴君如寇仇”这样的真心话，闹得历代的君王老大不高兴。其实，“民贵君轻”是千古真言，有什么错？

还是要从周游列国说起。您的周游虽说花去了不少时光，但的确也促成了您思想上的成熟。您考虑得最多的似乎是这样一个问题：天下乱成这个样子，谁之过？您是怎么考虑这一问题的？

周人面盾牌

盾面人脸部表情狰狞，为反战的孟子所不乐见。孟子的“仁政”是什么呢？简言之，就是“不忍人之政”。朱熹认为这种“不忍人之政”，要求“省刑罚，薄税敛”，“去兵器”，可谓对孟子“仁政”的理解至深也。

孟子：在周游中，我看到了太多的纷争，看到了太多的虐杀，看到了太多民众的流离失所。真是罪过啊！而这种罪过是谁造成的呢？我想了又想，觉得罪人还是那些拥兵自重的武人。我明确指出：“五霸者，三王之罪人也。今之诸侯，五霸之罪人也。今之大夫，今之诸侯之罪人也。”（《孟子·告子下》）正是这些大大小小的武人挑起的一场场大大小小的战争，使天下不得安宁，民不聊生。循着这条思路，我才去考虑人世间“孰重孰轻”的问题。

商代铜面具（陕西城固出土）

先生的思路似乎是循着这样的走向延伸的：武人造成纷争，纷争造成虐杀，虐杀造成“野有饿莩”的惨象，“野有饿莩”的惨象又造成了社会的极度动荡和不安定。从根本上说，该如何解决这些问题呢？

孟子： 对此，我曾经跟梁襄王讨论过怎样让社会安定下来的问题。梁襄王问：“天下恶乎定？”我的回答很干脆：“定于一。”（《孟子·梁惠王上》）这个最简单的“一”字，可大有学问啊！它指的是国家的统一，不能再这样四分五裂下去了；国家四分五裂，整个社会受不了，最重要的是民众受不了。

亚圣孟子像（石刻）

孟子说：“庖有肥肉，厩有肥马，民有饥色，野有饿莩，此率兽而食人也。”（《孟子·梁惠王上》）其意谓，厨房里有肥嫩的肉，马棚里有壮实的马，可是老百姓面带饥色，野外有饿死的尸体，这如同驱赶着野兽来吃人啊！这里表达了孟子“定于一”、施仁政的主张。

范纯仁像

范纯仁，北宋大臣，人称“布衣宰相”。范仲淹次子。他秉承其父“先忧后乐”的精神风貌，时刻不忘以天下为己任，继承和发扬了孟子“民贵”思想，认为“圣人以民之视听，为天之视听，故万事不可不察于民也”（《进尚书解》）。

"天下定于一"的"一",是大有文章可做的。您在《孟子》中多次提及您在与齐国辩士淳于髡辩论时说:"一者何也?曰仁也。"(《孟子·告子下》)您还说:"仁者无敌。"(《孟子·梁惠王上》)您说这些话,是不是在强调统一的思想基础?

"共屯赤金"圜钱

秦国半圜钱。圜钱表征团圆、统一,是"天下定于一"在钱币上的体现。

孟子: 是的。天下是那样的广大。如果天下人各想各的,没有统一的是非标准,各说各的,也各干各的,那天下还是统一不了的。统一,首先是思想的统一,就是如果天下人的思想都能统一于仁,都办善事,行善道,天下太平就为时不远了。所以我说:"夫道,一而已矣!"(《孟子·滕文公上》)

战国时期诸国货币

这些货币是战国时期天下四分五裂的反映。孟子反对分裂,反对战争,主张实行"仁政",发展经济,提出了"不嗜杀人者能一之"(《孟子·梁惠王上》)之说。

银空首布（楚国货币）

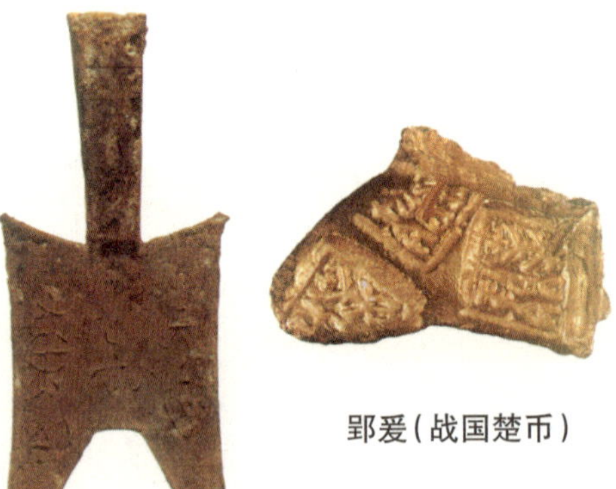

黄釿空首尖足布（晋国货币）

郢爰（战国楚币）

刀币（齐、赵、燕三国部分地区流通的刀币）是由古代石刀演化而来的

要使天下人的思想都统一于“仁”，统一于“善”，可不容易，那得从根本做起。请先生明示，“一”之“本”是什么呢？

曾参像

曾参以长于修身著称，比孔子小四十六岁，为孔子弟子中最年轻者之一。孔子死后，他做了两件大事：一是著述《大学》，二是主编《论语》。有学者说，如果不是曾参主编，《论语》一书中就不会有那么多曾参说的话。

孟子：我一直在寻找“一”之“本”，后来我找到了，“天之生物也，使之一本”（《孟子·滕文公上》）。这个“本”就是事实，就是孝。中国是一个以家族为基础的社会，连孝都做不到，哪还会有平安？哪还会有统一？我明确指出：“人人亲其亲、长其长而天下平。”（《孟子·离娄上》）天下平安应从身边做起。

五圣图像（清代石刻拓本）

图中正尊坐像前，刻“至圣先师孔子之神位”。孔子像下有颜子（复圣）、子思（述圣）、曾子（宗圣）、孟子（亚圣）四弟子之神位。

五七问孟子

统一天下是很烦难的伟业，当时有人怀疑，那样做能成功吗？您说得那样简单，那样轻巧，符合实际吗？

铜戈

戈是商周时期常见的武器，为搏斗中的重要短兵器。在“争地以战，杀人盈野；争城以战，杀人盈城”（《孟子·离娄上》）的战国时代，孟子反复宣传“仁政”，竭力反对无义之战，认为兵争是大害。

孟子： 好高骛远，这是世人普遍的心理。一提到治国平天下，一提到行道，就认为这是极为高深远大的事，不想脚踏实地地去做。“道在迩而求诸远，事在易而求诸难”（《孟子·离娄上》）。你不会从身边做起吗？从身边做起，就要从仁做起，从孝做起。“仁之实，事亲是也”（《孟子·离娄上》）。事亲，仁之大事，国之大事，天下之大事。大事不在“远”处，而在我们每个人的身边。禹是我崇敬的古圣之一，他“八年于外，三过其门而不入”，这是多么令人敬佩的公而忘私精神。

離婁章句上（離婁者古之明目者蓋以爲黃帝時人也黃帝亡其玄珠使離朱索之離朱即離婁也能視於百步之外見秋毫之末然必須規矩乃成方員猶論語述而不作信而好古故以題篇）孟子曰離婁之明公輸子之巧不以規矩不能成方員（公輸子魯班魯之巧人也或以爲魯昭公之子雖天下至巧亦猶須規矩也）師曠之聰不以六律不能正五音（師曠晉平公之樂太師也其聽至聰不用六律不能正五音六律陽律太蔟姑洗蕤賓夷則無射黃鐘也五音宮商角徵羽也）堯舜之道不以仁政不能平治天下（當行仁恩之政天下乃可平也）今有仁心仁聞而民不被其澤不可法於後世者不行先王之道也（仁心性仁也仁聞仁聲遠聞也雖然猶須行先王之道使百姓被澤乃可爲後法也）故曰徒善不足以爲政徒法不能以自行（但有善心而不行之不足以爲政但有善法度而不施之法度亦不能獨自行也）詩云不愆不忘率由舊章遵先王之法而過者未之有也（詩大雅嘉樂之篇愆過也所行不過差矣不可忘者以其循用舊故文章遵用先王之法度未聞有過也）聖人既竭目力焉繼之以規矩準繩以爲方員平直不

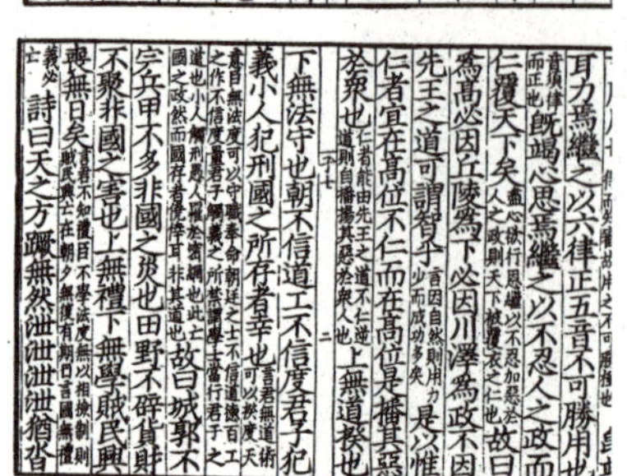

可勝用也既竭耳力焉繼之以六律正五音不可勝用也（音須律而正也）既竭心思焉繼之以不忍人之政而仁覆天下矣（盡心欲行恩繼以不忍加惡於人之政則天下被覆衣之仁也）故曰爲高必因丘陵爲下必因川澤爲政不因先王之道可謂智乎（言因自然則用力少而成功多矣）是以惟仁者宜在高位不仁而在高位是播其惡於衆也（仁者能由先王之道不仁逆道則自播揚其惡於衆人也）上無道揆也下無法守也朝不信道工不信度君子犯義小人犯刑國之所存者幸也（言君無道術可以揆度天意臣無法度可以守職奉命朝廷之士不信道德百工之作不信度量君子觸義之所禁謂學士當行君子之道也小人觸刑愚人罹於密網也此亡國之政然而國存者僥倖耳非其道也）故曰城郭不完兵甲不多非國之災也田野不辟貨財不聚非國之害也上無禮下無學賊民興喪無日矣（言君不知禮臣不學法度無以相檢制則賊民興亡在朝夕無復有期日言國無禮義必亡）詩曰天之方蹶無然泄泄泄泄猶沓

（左）《孟子·离娄上》（赵岐注）书影

（右）禹像

禹是孟子崇敬的古代圣王，他称大禹“八年于外，三过其门而不入”（《孟子·滕文公上》）的行为是“大人之事”的典范。

铜戟

戟是以矛与戈结合为主要形态的格斗兵器，兼具横击和砍刺功能，具有极大的杀伤力。兵器走向精良，而社会却更加混乱不堪，这正是孟子之忧。

从身边事做起，说得最彻底的是《孟子·梁惠王上》中对齐宣王的批评了。您说："挟太山以超北海，语人曰'我不能'，是诚不能也。为长者折枝，语人曰'我不能'，是不为也，非不能也。故王之不王，非挟太山以超北海之类也；王之不王，是折枝之类也。"这样说，您是意在劝导这些国君呢，还是意在揭露和批判？

孟子： 当然主要是在揭露和批判。周游列国时的亲身所遇使我对列国之君都失去了信心，"夫天下之人牧，未有不嗜杀人者也"，而这些人又口口声声说自己原本是爱民的，但许多事客观上办不了。我要揭露他们："王之不王，不为也，非不能也。"

禹鼎

鼎内有铭文记述器主奉周王之命领二百车兵、一千步兵平定叛乱，并最终获胜的史实。

您从来不把希望寄托在那些“拥兵自重”的武人身上，这些人一旦掌握军权，就忙于巩固自己的地位，肆意滥杀，根本不顾民众的死活。那么，该由谁来实施这个“一天下”的使命呢？

汤像

汤是商朝的建立者，又称武汤、武王、成汤、成唐，甲骨文作唐、太乙，一称高祖乙。商汤是孔子和孟子心目中的圣君。

孟子： 要实施“一天下”，我的提法是：“不嗜杀人者能一之。”（《孟子 · 梁惠王上》）有人会说，“不嗜杀”的人到何处去找呀？我的看法是：不用悲观，这样的人会有的。历史是最好的教科书。当年的“三王”——禹、汤、文武——不就是运用“仁”术统一了天下的吗？开初，他们是那样的弱小，但是，只要手里有“仁”，就会一点点强盛起来。

鲁地古城墙

这个问题，您未免说得太轻巧了，谁能保证天下一定“一”得起来呢？

周文王像

周文王姓姬，名昌，西周王朝的奠基者，发明“文王八卦”，流传于世。他是孟子最崇敬的圣王之一，《孟子·公孙丑上》中称文王是“行仁政而王”的典范。

孟子：天下的事情有难易之别，只要做，那么困难的事情也容易了；如果不去做，那么容易的事情也困难了。同样的道理，统一天下乃大事，不去为之，当然难也。历史是最权威的。整部中国史告诉我们：“天下之生久矣，一治一乱。”（《孟子·滕文公下》）中国的历史是十分久远的，究其轨迹，那就是一治一乱。处于乱世的人，大可不必怨天尤人，“彼一时，此一时也。五百年必有王者兴，其间必有名世者”（《孟子·公孙丑下》）。

孟子雕像（陕西省西安）

我们注意到，您在讲述一统天下时，连用了两个“必有”。这里，是不是表达了您对一统天下的坚定不移的信念？

孟子： 五百年上下一定有我们希望的那种“王者”出现，也一定有辅佐圣王的名相出现。这是肯定的。我所处时代离周文王已有七百来年了，按照“五百年必有王者兴”的轨迹论，圣王的出现是早晚的事了。我坚信这一点。当然，所谓“王者”，不应该在貌似“巍巍然”不可一世的那些大人物中，在开初，“王者”往往是弱小的。要寻找到王者可到下层去找，到民众中去找。

展现召公功绩的夌召卣

召公，周文王之子，武王之弟，曾辅佐武王灭商，被封于燕。北宋文学家曾巩精于史学，他把孟子、召公连起来作诗曰：“荀子书犹非孟子，召公心未悦周公。”

乐正子塑像

孟庙亚圣殿东侧神龛内供奉着孟子弟子利国侯乐正子的塑像。有载：当鲁国想让乐正子管理国政时，孟子听到消息后高兴得难以入睡，孟子曾以“善人”“信人”称之。

周王的㝬簋及铭文

器内铭文是周厉王为先王作的祭祀祝词。孟子对周厉王弭谤不会认同，可对先王的祝词当会赞许，因孟子同孔子一样言必称尧舜，对周文王、周武王无限崇拜。

您说过，使百姓定居下来而不迁到别的地方去，不能依靠划定的疆域的界限；巩固国防不能靠山河的险要；在天下树立威望，不能靠武器装备的精良。您提出了“得道多助，失道寡助”的论断，有的说此“道”是指正义，有的说此“道”是指人心，究竟是指什么？

孟子：我认为施行“仁政”的君主，帮助、支持他的人就多，不施行“仁政”的人，帮助、支持他的人就少。这里反映了我主张的“民贵君轻”的政治思想。确切地说，这里的“道”是指人心，“得道”实际上也可理解为“得人心”，即“人和”。得人心者，人心归顺，所向披靡；失人心者，人心相悖，不攻自溃。

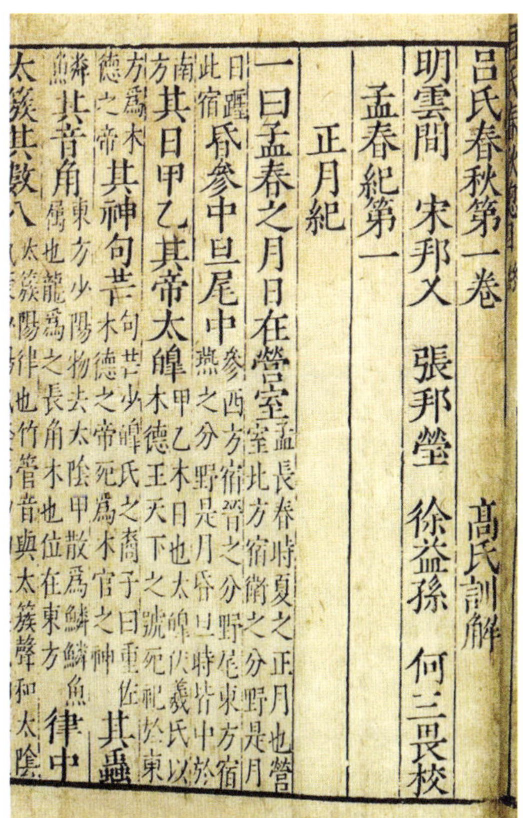

吕氏春秋第一卷　高氏訓解
明雲間　宋邦乂　張邦瑩　徐益孫　何三畏校
孟春紀第一
正月紀
一曰孟春之月日在營室孟長春時夏之正月也營室北方宿衛之分野是月
日躔此宿昏參中旦尾中參西方宿晉之分野尾東方宿燕之分野是月昏旦時皆中於
南方其日甲乙其帝太皞甲乙木日也太皞伏羲氏以木德王天下之號死祀於東
方爲木德之帝其神句芒句芒少皞氏之裔子曰重佐木德之帝死爲木官之神其蟲
鱗魚其音角東方少陽物去太陰甲散爲鱗鱗魚屬也龍爲之長角木也位在東方律中
太簇其數八太簇陽律也竹管音與太簇聲和太陰

吕不韦像及《吕氏春秋》书影

有学者作过统计，《吕氏春秋》中称引孔子有77次，另有称引仲尼61次，共138次。称孟子的有81次，几乎“言必称孔孟”，足见孔孟在吕不韦心目中地位。

这里有一个实例。齐宣王攻打燕国得胜，占领了燕国的十个城池。此时，有人建议到此为止不要吞并燕国，也有人主张把燕国吞并掉算了。齐宣王拿不定主意，就来问先生。先生当时的高见是什么？

召公鼎

目前尚未发现周王九鼎，此鼎为迄今所知地位最高的鼎。考古学家推测，周王鼎的形制当与此相近。

孟子：我的回答很清楚。我说“取之而燕民悦，则取之。古之人有行之者，武王是也。取之而燕民不悦，则勿取古之人有行之者，文王是也。”（《孟子 · 梁惠王下》）。也就是说，占领它而使燕国的老百姓高兴，那就占领它。古人有这样做的，周武王便是。占领它而使燕国的老百姓不高兴，那就不要占领它。古人有这样做 的，周文王便是。战争的胜负主要取决于民心，而不是其他。当时正遇燕王哙让位于子之，燕国内乱，齐宣王趁机派兵攻打。其实，齐与燕两国军事实力相当，齐国却只用了五十天的时间就攻占了燕国，单凭人力是做不到这点的。问题是燕国的民众不站在燕王一边，不肯出力为燕王打仗，因此一触即溃，燕国之败是势所必然的事。

丰尊及铭文

从铭文三十一字中证实，青铜器与贝币在当时同属货币一类。

您提出三个概念：天时、地利、人和，并将三者进行比较，认为，即使在占有“地利”的情况下——“城非不高”“池非不深”“兵革非不坚利”“米粟非不多”，但有人却弃城而逃，因为“地利”亦难比“人和”，讲的都是战争实例。于是有人认为这里的“天时、地利、人和”三概念只适用于战争论。此说对吗？

欧阳修像

儒家学者普遍认为，儒学经典入门读物当推《论语》和《孟子》。北宋文学家欧阳修指出：“孔子之后，唯孟子知道。”

孟子： 这是一种泛指，一种借喻。宋代朱熹对此的注释是：“言得天下者，凡以得民心而已。”清代焦循的注释是：“民和为贵，贵于天地，故曰得乎丘民为天子也。”可见这里不是单纯地论战争，而是讲民心向背的，是借战争论述实行“王道”（即“仁政”）的重要性。分别就天时与地利、地利与人和作比较，指出天时、地利、人和三因素在成就王业中所起的作用大小不同，最后由“人和”推演出“得道者多助，失道者寡助”的结论。

孟庙的古树奇观：桧寓枸杞

值得我们讨论的是，开初那样弱小的“王者”，为何必定能战胜貌似强大的霸者呢？

西周㦸方鼎甲（陕西扶风出土）

为感恩惠，㦸特铸此鼎，提倡孝道的孟子对此赞叹不已。

孟子：在我看来，最有力量的还是民众。王者是为民众而起事的，这样，民众就会“箪食壶浆以迎王师”。民众站在王者的一边，王者还会不强大起来吗？而那些手握杀人武器的人，看起来十分的强大，实际上民众都背离了他，他只是形单影只的“一人”“独夫”而已。到了关键时刻，谁都会背叛他。那样的人，称得上真正意义上的强大吗？

清代木刻孔子像

图中孔子头戴垂脚软巾，披锦缎开氅，手托诗书，端坐其中。孔子左侧为“复圣颜子”，右侧为“宗圣曾子”。孔子膝前左右分立“述圣(子)思子”“亚圣孟子”。四圣容貌皆作童子像，以表示弟子自幼即受教化。明代嘉靖皇帝改元代的孔子封号“大成至圣文宣王”为“至圣先师孔子”，并制定孔子木主牌位立于文庙供祭拜。

正是在这样的基础上，您提出了“民为贵，社稷次之，君为轻”的具有划时代意义的观念。正因为“君为轻”，先生您提出了“天无常命”的著名政治观。老百姓是最重要的，是根本的，你当国君的，能顺乎民意办事，上天就让你为君；如果逆乎民意，甚至“鱼肉民众”，那上天就可以收回成命，让更适合的人来当国君。这话可以看成是对所有当政者的一种警示吧？

孟庙大铁钟

又称“金大安三年铁钟”，位于孟庙第二进院落西侧。钟腹部铸“重臣千秋，皇帝万岁”八字，铸于金代。但钟上铸的“臣”字是反的，令人费解，也产生众多猜测。

孟子：看来社会的发展、国家的安危需要这种警示。记得那个商纣王在晚年胡作非为，为所欲为。“以酒为池，悬肉为林，使男女倮相逐其间，为长夜之饮。”百姓怨声载道，“纣乃重刑辟，有炮烙之法”。他这样干，依仗的是什么？还不就是“我生不有命在天乎”（《史记·殷本纪》）。认为天命是不变的，“有命在天”就可以无恶不作。现在我要把这最根本的一条给剥夺掉，正告所有的君主：天命无常！“君有过则谏，反覆之而不听，则去。”（《孟子·万章下》）我这话是那些坐在高位上的昏君最不愿听到的，就是有道之君也感到刺耳、不舒坦。但是我相信，这是民众最愿听到的。

大盂鼎

鼎内有二百九十一字铭文，记载周康王对大臣盂的册命，叙述先王立国的经验和殷商朝野因酗酒而亡国的教训。殷商亡国一事在《孟子》中被多次提及。

上面您是讲了“君轻”，至于“民贵”，又该作何解释呢？

圣时门

“圣时门”源出孟子“孔子，圣之时者也”（《孟子·万章下》）一语。“圣之时者”是孟子对孔子的评价。这既是孟子对孔子推崇备至的体现，也是孟子对战国时代两种重要价值观念“圣人”与“时”的发展与提炼。孟子崇拜孔子，终其一生追随孔子精神，孔子自然是他心目中最完美、最伟大的与时俱进的圣人。

孟子：民贵，相对于民贱。历来不少的统治者都把人民称为“贱民”“下民”“小民”，以为老百姓是可以任人驱使、任人奴役的对象。而我则不一样，我认为人民是最可宝贵的，“诸侯之宝三：土地，人民，政事。”（《孟子·尽心下》）把人民列于仅次于土地的国之大宝的位置，岂不贵哉？民贵，还在于人民是最有力量的，人民的地位是最崇高的。要治国，不借助于人民的力量，简直是不可能的。说这些话时，我是真心的。我也希望当政者能真心地体察到“民贵”的道理。

万世师表图（清代石刻拓本）

图中孔子捧圭端坐居首位，东西两侧为四配之像，像前各设一牌位。除孔子外共画诸贤七十二人。宗圣曾子、亚圣孟子神位排在孔子右边。

我们觉得，您那么强调“民贵”，不在于阐明一个理论问题，而在于从根本上改变治国的方略，为天下的“定于一”铺平道路。从这个意义上说，“民贵君轻”思想可说是您整套政治理论的核心部分，也是最富于实践性的部分。这样理解对不对？

帝启之像

开创新局面的启，成为中国历史上第一个真正意义上的王者。孟子对这个开创新时代的启赞言有加，认为启是“有德之君”，说：“启贤，能敬承继禹之道。”从此，确立君位传子之制。像载《三才图会》，明万历刻本。

孟子：完全正确。贵民，贵在决策；重民，重在实施。没有当政者决策上的改变，没有有志者的积极实施推行，话说得再好听也是白搭。

儒氏源流（明代木刻插图）

图中孔子戴冠弁，穿大袖袍服，腰系绦带，两手相握，端坐椅上。座前有颜回、曾子、子思、孟子四弟子，发皆簪冠，身穿长袍，拱手侍立左右。上方刻“儒氏源流”，意尊孔子为“至圣”、孟子为“亚圣”。

我们也感觉到了，您的“重民”“贵民”思想是相当实在的，是在积极追求实践效果的，虽说有些想法未必行得通，但正像我们前面所说的，您的本意是好的。我们梳理了一下，从“贵民”的实践角度讲，您至少讲了十条：一重民生；二制恒产；三正经界；四薄税敛；五体民情；六听民声；七急民事；八厚民德；九务民教；十得民心。这十条，整理得还可以吗？

帝舜之像

舜是孟子最为推崇的古圣人，《孟子》中论及舜的有十五处之多。孟子说：“大舜有大焉！”意为大舜是最伟大的。

孟子： 你们把我的“贵民、重民”思想理得那样清晰，简直是一帖“十全大补膏”了。不过我想，不要说这十条都能做到，就是能做到五条六条，那也是功德无量了。

冰鉴

此为战国早期曾侯乙所用的冰酒器。器内空隙处置冰块，使缶内存酒降温，以防变质。

我们一条一条来讨论吧。看来，第一条“重民生”，那是最重要的了。你一个当政者说得再好听都是没用的，关键是你民生问题解决了没有。请问：先生在民生问题上有一个怎样的尺度？

尧像

在五帝中，尧为第四帝。他继位后的第一件事是制定历法，即古书上说的“历象日月”，以重农耕。这就是孟子说的“重民生”吧！

孟子：每个时代都有每个时代自己的民生尺度。我面对的是“民不聊生，野有饿莩”的时代，因此我定出的民生底线是“黎民不饥不寒”和“养生丧死无憾”（《孟子·梁惠王上》）。有人会说，您的标准是那样低呀？我说，不低了。天下有那么多人，时势又是那样的乱，能通过一段时间的努力，使大家都温饱了，就了不起了。对于我的“民生”说，后世有极高的评价。儒家传统中，我和孔子总是形影相随，既有“大成至圣”，则有“亚圣”。既有《论语》，则有《孟子》。孔子曰“成仁”，我说“取义”，我们的宗旨也始终相配合。《史记》载：“孟子序诗书，述仲尼之意。”后代冯友兰，也把孔子比作苏格拉底，把我比作柏拉图。

苏格拉底像

苏格拉底（公元前469—公元前399），著名的古希腊的思想家、哲学家，教育家，他和他的学生柏拉图，以及柏拉图的学生亚里士多德被并称为“古希腊三贤”，更被后人广泛认为是西方哲学的奠基者。

柏拉图像

柏拉图（约前427—前347），古希腊伟大的哲学家，也是全部西方哲学乃至整个西方文化最伟大的哲学家和思想家之一。

七一问孟子

与民生密切相关的是恒产问题。您认为这也是个大的社会问题。没有恒产，老百姓就无恒心，就安定不下来，整个社会也会动荡不安。我们认为，“制恒产”这一思想是您的最可宝贵的思想之一。对吗？

王命传虎节

节是战国时期的通行信物。持此信物的远行使者，沿途由驿站提供食宿。“信”，是儒家也是孟子思想的核心之一。

孟子：我说过这样的话：“无恒产而有恒心者，惟士为能。若民，则无恒产，因无恒心。苟无恒心，放辟，邪侈，无不为已。”（《孟子・梁惠王上》）我这话大概说得有点过分，但是却讲出了我“制民之产”的重要经济思想。想办法让绝大多数老百姓有一份恒产，那天下的事就好办得多了。我也定了个最低标准，那就是“五亩之宅”，有了那几亩土地，再养些鸡鸭牛羊，小日子也就过得下去了。

孟子雕像及《孟子》书影

在《孟子》一书中大量引述孔、孟子的话。这是因为孔孟名气大，谓“他人誉之，信者多矣”。有学者认为，在《孟子》一书中，孔、孟子成了孟子的“形象代言人”。

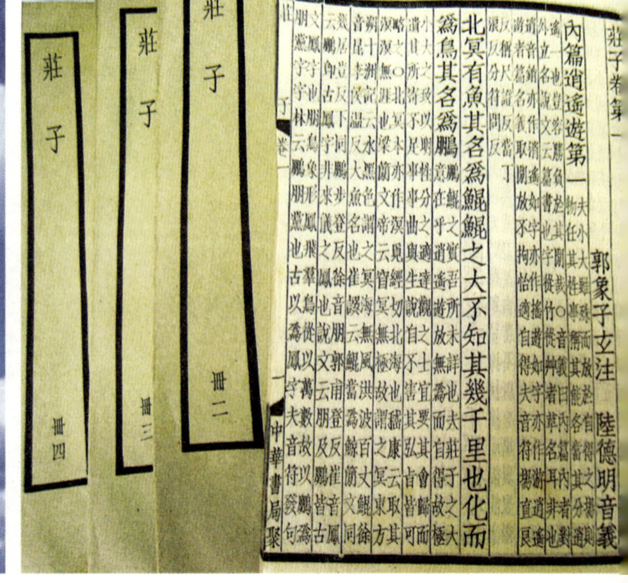

莊子 冊四

莊子 冊三

莊子 冊二

莊子卷第一

內篇逍遙遊第一

郭象子玄注　陸德明音義

北冥有魚其名爲鯤鯤之大不知其幾千里也化而爲鳥其名爲鵬

中華書局聚

先生提出“王道”的基础在于“制民之产”，也就是以农业经济为根本，去实现政治上一统天下的宏图。这样的好主张，为何没有被国君所接受？

三角云纹豆

燕国贵族使用的盛食器，有足的盖倒转过来也可作食具。

孟子：这也许是时代不同的缘故。当时的诸侯们认为像我这样从根本上解决“王天下”的方略，太过于遥远了，即所谓“迂远而阔于事情”（《史记·孟子列传》），急功近利的思想占上风，他们考虑最多的是如何以武力征服别国，掠夺土地和人民。我生活的战国年代，二百五十余年间，大小战争打了二百二十余次。正如墨子所讲：“处大国则攻小国，处大家则乱小家，强劫弱，众暴寡。”（《墨子·天志中》）

双蛇三轮盘

吴楚地区贵族使用的盥洗器。此类贵族奢侈器具，也为孟子之忧。生死之道，存乎一心，世人皆引孟子的“富贵不能淫”的名言为戒。

七 三问孟子

“仓廪实，则知礼节；衣食足，则知荣辱。”这句名言是管仲说的。有学者认为，管仲所言同您所说的“有恒产者有恒心”是相通的。是不是这样?

赵卿鸟尊

此为晋国贵族使用的饮酒器具。以鸟为造型，铸上细密的羽毛状纹饰，尖喙如鹰，双目圆睁，强化了鸟的威武形象。

孟子：应该说是相通的。我认为“有恒产者有恒心”，“乐岁终身饱，凶年免死亡”，这里的“恒产”与“恒心”的关系，就是生计与道德的关系，也就是说，民众有了一份固定的产业，生活安定了，为道德教化提供了重要的物质条件，执行者施行仁政也就得心应手了。

《管子》书影

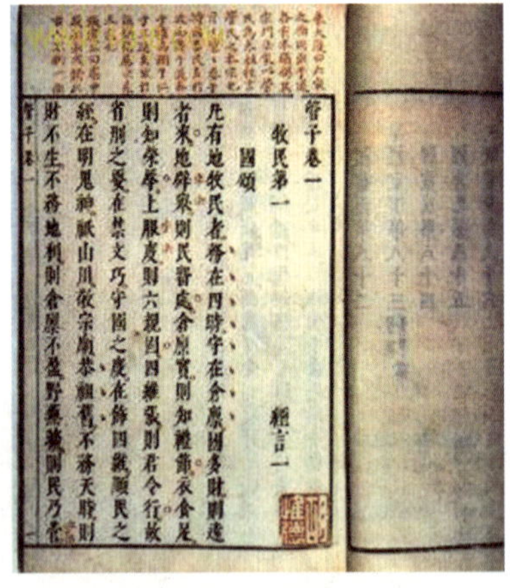

管子卷一

牧民第一　經言一

國頌

凡有地牧民者務在四時守在倉廩國多財則遠者來地辟舉則民留處倉廩實則知禮節衣食足則知榮辱上服度則六親固四維張則君令行故省刑之要在禁文巧守國之度在飾四維順民之經在明鬼神祗山川敬宗廟恭祖舊不務天時則財不生不務地利則倉廩不盈野蕪曠則民乃菅

管子卷一

管仲像

孔子对管仲的评价很高，但孟子却反对管仲。这是为什么？不少学者认为，孟子的治国之道是“民为贵，社稷次之，君为轻”，力主仁政，管仲却提倡采用施暴式的军事外交手段，所以孟子不赞同管仲的观点。

最有趣的是您提出了“正经界”。有人说您真想那样干，有人说那是您的“乌托邦”。究竟是怎么回事啊？

孟庙古树奇观：洞槐望月

孟子： 我们国家古时是实行过“井田”制度的。人们既有自己的私田，又有公田，各得其所，可以相安无事地生活。我的初衷在于：“经界不正，井地不钧，谷禄不平，是故暴君污吏，必慢其经界。”（《孟子·滕文公上》）我是想把经界划划清，大家都有田种，又能培养“公事毕，然后敢治私事”的品格，人与人之间“守望相助，疾病相扶持，则百姓亲睦”。那样岂不是好事一桩？想不到推行这个办法的过程中还有那么多的麻烦事。

赐书楼

世恩堂后为赐书楼，是存放皇帝钦赐的墨宝、圣旨、诰封，古籍文献和家族档案的地方。

"重民"很大程度上是官府的事，因此，看得出您很想限制一下官府的作为，于是提出了"薄税敛"的要求。

周宣王像

周宣王是个强势的国君，在位四十六年，史称"宣王中兴"。也许宣王一生从事于征战，所以《孟子》中对宣王未置一词。

孟子：那可能是我的即兴想法。我总觉得老百姓的负担太重了，统治者要"薄税敛"。至于怎样做比较妥帖，我想得不细，只提了一下："夏后氏五十而贡，殷人七十而助，周人百亩而彻，其实皆什一也。"（《孟子·滕文公上》）那是怎么回事？其实，就是要求政府税收少一点，让老百姓的日子过得下去，我是真心那样想的。

周厉王时器"伊簋"铭文

周厉王暴虐无道，引起国人反对，国人迫其逃走后，由召公和周公代理政事，此为中国历史上的"共和政治"，公元前841年就是共和元年。十四年后立厉王之子为王，这就是"始勤后怠"的周宣王。

您说了“体民情”的话。当时的民情可以说是大大的不妙啊！老百姓流离失所者有之，生死无人过问者有之，有仇无处申诉者有之。面对这种情况，民情如何“体”得？

王子午鼎

鼎腹内有铭文八十四个字，表示对先祖的追思，叙说王子午（楚庄王第五子）自己施德于民的业绩，并教育子孙要以此为准则。这正体现了孟子所提倡的孝道。

孟子：“体民情”，也就是我说的“救民于水火之中”。当时的民众，真是处于水深火热之中啊，哪个当政者能真正体察到民情，并为百姓做几件实事，老百姓一定会感恩戴德，从心底里支持他。

齐国古城排水道

这条水道是既能排水又能御敌的排水防卫工程，实为世界城建史上所罕见。

要多听听来自民间的声音，那是最真实的。您对齐宣王举了两个例子。一是说国君想用贤人，你左右的人说行，那不作数，你的那些官员说行，也不一定作数，如果民众都说他贤，那才是真正的可用的贤人了。二是说某人可杀，左右这样说，不作数，官员这么说，也不太作数，只有老百姓说了，才作数。您为何这样说呢？

诸葛亮像

诸葛亮，蜀汉丞相，三国时期杰出的政治家、战略家、军事家。他推崇孟子的志气论，在《诫子书》中说：“静以修身，俭以养德。非淡泊无以明志，非宁静无以致远。”阐述了孟子修身养性、治学做人的深刻道理，读来发人深省。

孟子： 道理是很简单的。判断某人是不是贤人，最根本的是看他有没有为老百姓干了实事；判断某人该不该杀，那也要看他是不是做了对不起老百姓的事。在这点上，老百姓最有发言权。老百姓的声音是最真实的声音。

齐国古城墙

孟子在齐国之时，再三劝说齐王打开粮仓赈济灾民。

现代人有句话："人民的事，再小也是大事，私人的事，再大也是小事。"您的"急民事"是否是从这个角度对官僚们提出问题的？

郭沫若像

郭沫若认为，在先秦儒家之文中，《孟子》素以富于"文学性"而著称。他将《孟子》列为"战国散文四大家"之首。

孟子：是的。当官的不急民之所急，还要你这个当官的干什么？我提出："民事不可缓也。"（《孟子·滕文公上》）"不可缓"就是说民事拖不得，要抓紧办。我举了大禹治水"三过家门而不入"的故事，说明当官的就应这样一心为民，毫不为己。

大禹治水

禹为鲧之子，又名文命，相传生于西羌。尧时被封为夏伯，故又称夏禹或伯禹。禹是夏朝的建立者。大禹从鲧治水的失败中汲取教训，改变了"堵"的办法，对洪水进行疏导。他长年在外与民众一起奋战，置家庭于不顾，有"三过家门而不入"的传说。大禹是孟子崇拜的圣贤。

一个理想的社会，应该是人与人之间相互关心、互助、友爱的社会，人与人真情相待，就能达到社会和谐。您提出“厚民德”是否与此有关?

至圣遗像（元代碑刻拓本）

孟子：我把“老吾老，以及人之老；幼吾幼，以及人之幼”（《孟子·梁惠王上》）理解为一种境界，一种高尚的民风民德。如果大家都不只关心自己，不只关心自己的那个小家，还把目光投向社会，而且是真心实意的，那民德就提高一大步，这个社会也就达到和谐了。

孔子像

明代木刻孔子像。颜渊、子思、曾子、孟子分立两边。

黄帝像（东汉画像石）

传说中轩辕黄帝为远古时代华夏民族的共主，五帝之首。孟子同孔子一样崇敬先圣。

有人认为，您没有把一个民族的发展简单地理解为自然发展的过程，而是看作与教化紧密相关的过程。能把民众教育放在优先发展的位置，那是很了不起的。这样说不过分吧？

孟子： 一点儿也不过分。我说过："无教，则近于禽兽。"我把教育看成是人之为人的第一要义，是人类前进的最基本条件。我说的"优教育"，实际上就是优先发展教育。

文心雕龍 十卷

《文心雕龙》书影

《文心雕龙》是中国古代最杰出的文学理论著作之一。全书开头三篇为《原道》《征圣》《宗经》，集中探讨道、圣、文三者的关系，表明该书的宗旨还在于弘扬孔孟之道。书中多次提到孟子，《诸子第十七》说："孟轲膺儒以磬折。"《奏启第二十三》说："孟轲讥墨，比诸禽兽。"

邵雍像

邵雍，北宋哲学家、易学家，有"内圣外王"之誉。他深受孔孟儒家以及黄老道家思想影响，著有《皇极经世书》。他对孟子"万物皆备于我"之说作了深刻解释，谓"物有声色气味，人有耳目口鼻，万物于人一身，反观莫不全备"。（《击壤集》卷一九）画像藏台北故宫博物院。

我们理解，第十条“得民心”是一个归结。你一个当官吏的，当国君的，你的政绩如何，不是看你有多少形象工程，也不是看你说得如何天花乱坠，最后还是要看你的所言所行是不是合民意、得民心。是不是这样？

王充像

王充是东汉杰出的思想家，他对传统的儒学，特别是汉代经学，进行了论难，著有《问孔》《刺孟》等专篇，大胆向经典挑战。但在《论衡》中，他亦称颂孟子为“亚圣之才”。“亚圣”作为官方称谓，起源于元代。

孟子：我同意这是一个归结性的说法。我说过：“得天下有道：得其民，斯得天下矣；得其民有道：得其心，斯得民矣；得其心有道：所欲与之聚之，所恶勿施尔也。”（《孟子 · 离娄上》）人民需要的，尽量满足；人民讨厌的，不要强加在他们头上。道理虽然很简单，但做起来却是很不容易。

万世师表（清代石刻拓本）

牌位上孔子居中而坐，颜渊、子思、曾子、孟子分坐左右。东西两侧分刻十二先贤之像。

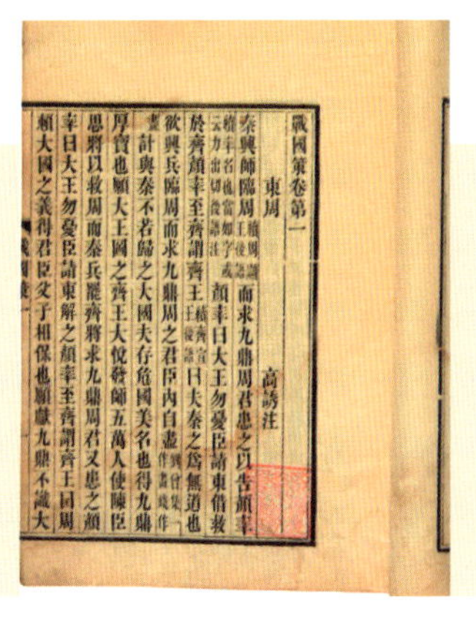
戰國策卷第一
東周　高誘注
秦興師臨周而求九鼎周君患之以告顏率
顏率曰大王勿憂臣請東借救
於齊顏率至齊謂齊王曰夫秦之爲無道也
欲興兵臨周而求九鼎周之君臣内自畫
計與秦不若歸之大國夫存危國美名也得九鼎
厚寳也願大王圖之齊王大悦發師五萬人使陳臣
思將以救周而秦兵罷齊將求九鼎周君又患之顏
率曰大王勿憂臣請東解之顏率至齊謂齊王曰周
賴大國之義得君臣父子相保也願獻九鼎不識大

《战国策》书影

《战国策》是记载当时谋臣、策士游说各国或互相辩论的书。《孟子》为子书，《战国策》为史书，但两者在内容上却有一个共同点，即记录了说辞。《孟子》中所记录的孟子与齐、梁、滕、宋诸国君臣的对话，无疑也是当时孟子周游各国的游说。《战国策》虽为述战，但骨子里还是非战的，这与孟子思想暗合。

您讲过："人恒过，然后能改，困于心，衡于虑，而后作，征于色，发于声，而后喻。"其意是说，对人来说，常有错误，才有改正的机会，心意困苦、思虑阻塞，才能有所创造，表现在面色上，发于言语中，才会让人了解。这是对个人的修养而言吗？

孟子：不完全是这样。紧接着下面有句话说："入则无法家拂士，出则无敌国外患者，国恒亡。然后知生于忧患，而死于安乐也。"（《孟子·告子下》）就是说，一个国家，内无知晓法度的大臣和辅弼社稷的士人，外无与它相抗衡的敌对国家和外患的干扰，经常容易被灭亡。保持忧愁患害的心情，足以使国家生存下去，老是维持安逸快乐的情致，足以使国家死亡。人也好，国家也好，都应该懂得"忧患意识"这个道理。

启圣殿

原名为"邾国公殿"，为供奉孟子父亲之殿堂。元朝仁宗延祐三年（1316年）诏封孟父为"邾国公"，故名。"启贤"，含有赞颂孟子父母有"启毓圣贤"之贡献的意思。现存于孟庙启圣殿檐下的《孟氏宗传祖图碑》上，刻有孟子"门人"二十人的图像，分左右两行排列。

先生在《孟子》中多次提及"先王",有学者认为,先生这里的"先王"是指仁政的推行者。能作如此解释吗?

尧

孟子: 可以。我所说的"先王",也就是孔子提到的那些"先王",就其人物而言,有尧、舜、禹、稷、汤、周文王、周武王、周公,都是圣德仁智的代表;就其时代而言,上古、夏、商、周,都是理想世界的象征。孔子说"信而好古""吾从周",这里的"古""周"都是孔子所崇拜的"治世"社会。我对"先王"的赞颂,其实也是为我的仁政学说提供一个依托。

舜

文王

禹

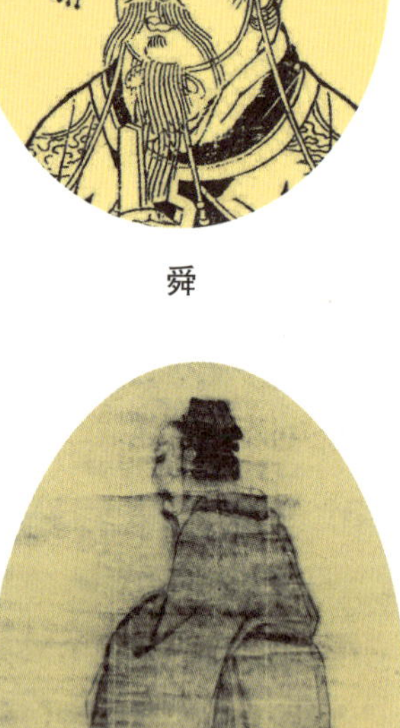

武王

周公

先生说："民为贵，社稷次之，君为轻，是故得乎丘民而为天子。"（《孟子·尽心下》）有学者认为，先生是中国思想史上第一个提出"民为贵"思想的。是这样吗？

夏桀像

夏桀是《孟子》一书的批判对象，在《孟子·告子下》中，孟子一再告诫人们："不志于仁，而求富之，是富桀也。"其意是说，要富民，而不要去富像夏桀那样的独夫。

孟子：言过了。实际上在我之前也有重民的主张，如"民，神之主也"，"国将兴，听于民"（《左传》），我只是对以往出现过的一些重民主张作了个总结。我的重民思想不是凭空而来的，而是我从历代国家兴亡的教训中总结出来的。"桀纣之失天下也，失其民也；失其民者，失其心也。"（《孟子·离娄上》）

何尊及铭文

何尊为西周早期的青铜器，是一位名何的贵族所作的祭器。铭文一百二十二字，回忆了他的父亲追随文王、武王，灭掉商朝的史实。

对先生的“民为贵”思想，历来就评价很高，早在朱熹时就称您是“益国以民为本”。有人说您的“以民为本”的民主思想，在古代中国达到了顶峰，之后的一两千年间没有人超过您的。您以为如何？

子产像

子产是与孔子差不多同时代的思想家、改革家。子产在郑国掌权，使“田有封洫，庐井有伍”，这正是孟子后来一心想实施的“井田制”。子产还“作丘赋”“铸刑书”，都是为使社会能安定繁荣。子产死后，“郑人皆哭泣，悲之如亡亲戚”。

孟子：我说过：“无野人莫养君子。”（《孟子·滕文公上》）在谁养活谁问题上，我得出了正确的结论。让有德者当君王，这就打破了君权神授的神话。“得乎丘民而为天子”（《孟子·尽心下》），正是民众支撑起了国家的大厦。说我“以民为本”，一点也不差。

双面人面形神器

此为祭祀用的礼器，意欲表现人神相通。

人面纹方鼎

商人铸造了很多青铜人像，部分人像的大小与真人相当，可能是巫师或神的形象。

有人进一步说，您的“民本”思想就是现代社会的“人本”思想，两者的本质是一样的。对此，您的看法如何?

子产祠

子产“铸刑鼎”，为法家之先驱。在《孟子·万章上》有则校人煮鱼的故事：有人送活鱼给郑国的子产，子产派校人把鱼放到池里去养。校人却把鱼煮了吃掉后说：“鱼悠然地消失了。”子产说：“鱼怕是到了该去的地方啊!”校人自以为得计，出来说道：“谁说子产聪明，我已经把鱼煮了吃了，他却还说：‘鱼到了该去的地方啊!’”故事含义深刻，道出了“君子可欺之以方”的道理。

孟子：对这些理论问题，你们最看得清楚，但我觉得，“人本”思想是你们现代社会的提法，就是要把每一个人当作人来看待，人人平等，而我们那时远远没有达到这样的境界。我当时就没有想到要打破旧有的君主制度，我是一面尊君，一面又以民为国本，这是时代带给我的局限。

孟府大堂内景

孟府大堂为孟子嫡系长子翰林院五经博士开读诏旨、接待官员之所。

亚圣孟子

第五章 利义之争

司马迁作孟子传，只用了短短两百多字，真是惜墨如金啊！文虽短，但意蕴深远。一开笔，太史公就说："余读《孟子》书，至梁惠王问'何以利吾国'，未尝不废书而叹也。曰：嗟乎，利诚乱之始也！夫子罕言利者，常防其原也。"要从源头上解决人的素养和社会问题，不可不注意"好利之弊"。

有一个问题让我们特别关注：您出游的第一站明明不是魏国，而且在魏的时间又不太长，取得的成果也算不上大，但后来您和弟子在编写《孟子》一书时，却别出心裁地将“孟子见梁惠王”放在首篇的首章，加以特别的渲染，目的何在呢？

魏惠王

就是《孟子》书中的梁惠王。梁惠王在魏执政长达三十六年，嗜攻战，多扩张。孟子劝魏惠王“施仁政，行王道”，可惠王不听，被孟子斥为“王好战”。

孟子： 的确，魏国只是我周游列国行程计划中的一个小站，而且由于我去时，魏惠王年迈体衰，行动不便，言谈不太利索，因此是谈得不怎么欢畅的。到第二年时，这个曾被称为战国雄主的魏惠王就一命呜呼了，这场交谈也就戛然而止。但是，我后来在编定《孟子》一书时，想了又想，要宣传我的“仁义”思想，该从何处切入呢？想来想去，得找一个对立面，那就是“利”。把“利”作为“仁义”的对立面来论辩，既能吸引人，又能打动人，更主要的是，能完美地体现我的思想主旨。

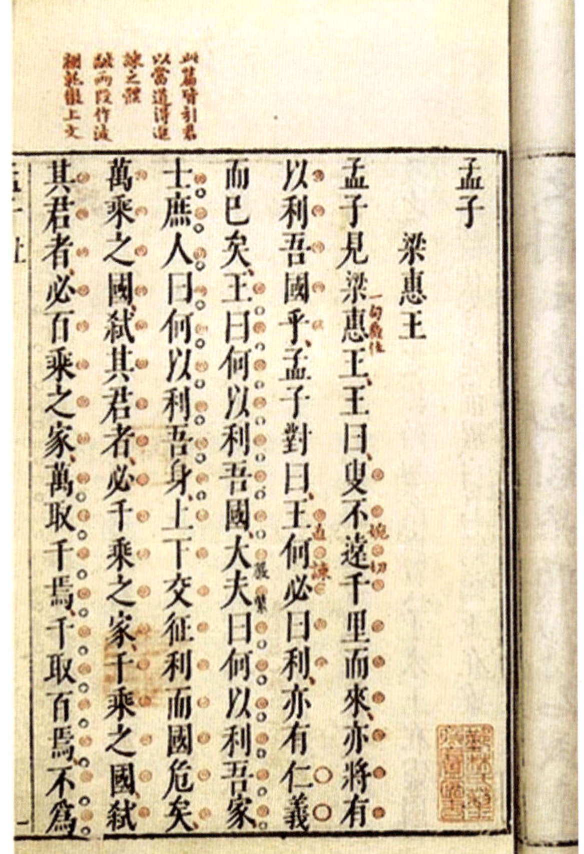

孟子

梁惠王

孟子見梁惠王、王曰、叟不遠千里而來、亦將有以利吾國乎、孟子對曰、王何必曰利、亦有仁義而已矣、王曰何以利吾國、大夫曰何以利吾家、士庶人曰何以利吾身、上下交征利而國危矣、萬乘之國弒其君者、必千乘之家、千乘之國弒其君者、必百乘之家、萬取千焉、千取百焉、不爲

《孟子》书影

这么说我们懂了，将原先并不那么引人注目的魏国之行，张扬为一场“义利之辩”，您是在寻求或者说是追求一个“卖点”，让读者一开始就被吸引住，为后续的系统捧出您的一套理论开个好头。您说，是这样吗？

“七篇贻矩”匾

清世宗于雍正三年（1725年）御书“七篇贻矩”匾额。

孟子：你们要这样理解当然也是可以的。书是编给读者看的，不吸引人总不是好事。要说“卖点”，不能简单地说是我刻意推出了“利义之辩”这个“卖点”，而是时代客观上推出了这个“卖点”，我作为一个“先觉”者，只是敏锐地把握住了这一“卖点”罢了。说“切入点”更贴切一些。

孟府大堂

堂前悬有“七篇贻矩”堂匾，门两侧有楹联：继往开来私淑千年承燕翼，居仁由义渊源百代仰先烈。

您说是时代客观上推出了这个“卖点”，这怎么理解？请先生明示。

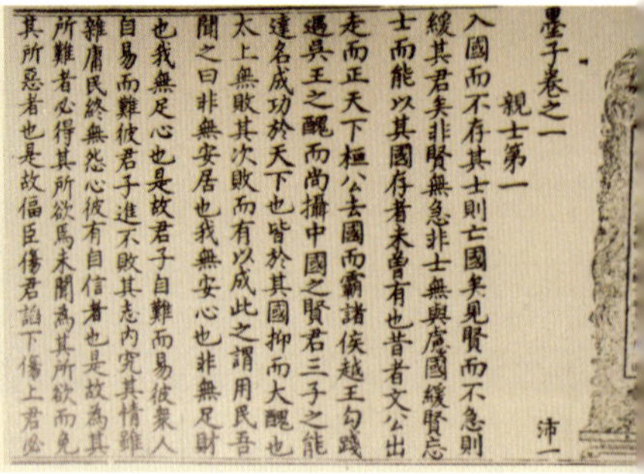

墨子卷之一

親士第一

入國而不存其士則亡國矣見賢而不急則緩其君矣非賢無急非士無與慮國緩賢忘士而能以其國存者未曾有也昔者文公出走而正天下桓公去國而霸諸侯越王句踐遇吳王之醜而尚攝中國之賢君三子之能達名成功於天下也皆於其國抑而大醜也太上無敗其次敗而有以成此之謂用民吾聞之曰非無安居也我無安心也非無足財也我無足心也是故君子自難而易彼衆人自易而難彼君子進不敗其志內究其情雖雜庸民終無怨心彼有自信者也是故為其所難者必得其所欲焉未聞為其所欲而免其所惡者也是故偪臣傷君諂下傷上君必

沛一

《墨子·亲士》书影（明刻本）

《墨子·亲士》开宗明义讲人才之重要，接着用了晋文公、齐桓公、勾践的例子证明：“败而有以成，此之谓用民。”强调指出：“为政者当以廉政尤重也。利欲熏心，耻辱而非寡鲜，德品何所赖依。仁、义、廉、厚，古风难存矣！”墨子所呼吁的正是孟子所提倡的。

孟子：战国时期是一个大动乱的时代，也是一个群起而逐利的时代。我生活的那个时代，不只商人逐利，就是国君、诸侯、大夫、官僚都在那里逐利。逐名的本质也是逐利。上上下下都逐利，不就把整个天下搞乱了？因此，我对梁惠王说：“王何必曰利？亦有仁义而已矣。王曰：何以利吾国？大夫曰：何以利吾家？士庶人曰：何以利吾身？上下交征利，而国危矣。”这场面，不就证明是时代推出了“利义”之辩这一“卖点”吗？

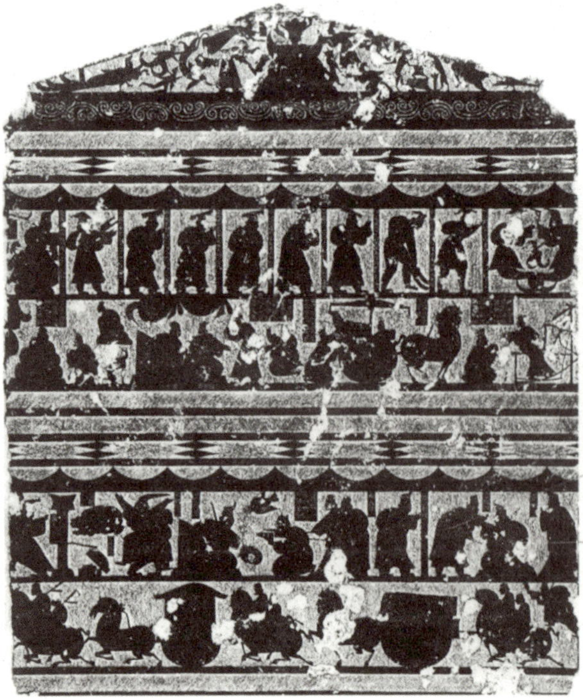

“曹沫挟齐桓公”画像石

图说鲁国大夫曹沫挟持齐桓公，要求他归还鲁国国土的事。这正是当年诸侯国互相兼并的侧面反映。

在“利”的问题上，您与孔老夫子有点不一样，孔子是说“见得思义”（《论语·季氏》），也就是见到利（即“得”），要考虑一下是否符合义，讲义而不排斥利，而您干脆说什么“何必曰利”，不是激进了许多吗？

孔子像（明代绢本笔绘）

画中孔子双目传神，系孔子为官退朝而处的形象。孟子崇拜孔子，但不是完全盲目顺从，对孔子以“仁”释“义”的做法就持有异见。孟子认为，“仁”与“义”既有联系又有区别，应当在两者并举连用即“仁义”的意义上讲尚义，而不是单纯把“义”字与“利”字相对应。这是孟子义利观的特点之一。

孟子：是你们理解错了。由于时代的不同，我与孔子在提法上有些不同，但精神实质是完全一样的。孔子不是说过“君子喻于义，小人喻于利”（《论语·里仁》）这样的话吗？其意是说，君子追求的就是那个“义”字，只有小人才一门心思逐利。我对梁惠王说的不也是这个意思吗？孔子还说：“放于利而行，多怨。”其意是说，一个人如果放纵自己，去追逐那个“利”字，最后会招来诸多怨艾。我是顺着孔子批评“喻于利”“放于利”而加以发挥的。

武士斗兽铜镜

镜中武士戴头盔，手持盾牌和长剑，战斗气氛充溢日常生活。

孟府里的木质窗格

您说您是顺着孔子谈“义”，但我们觉得您和孔子还是有很大的不同，在批评“利”字上，您的口气似乎更严厉些。

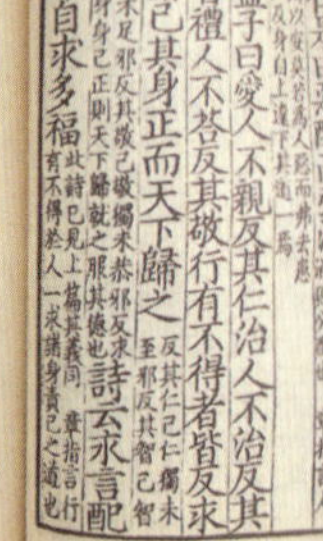

孟子曰愛人不親反其仁治人不治反其智禮人不荅反其敬行有不得者皆反求諸己其身正而天下歸之詩云永言配命自求多福

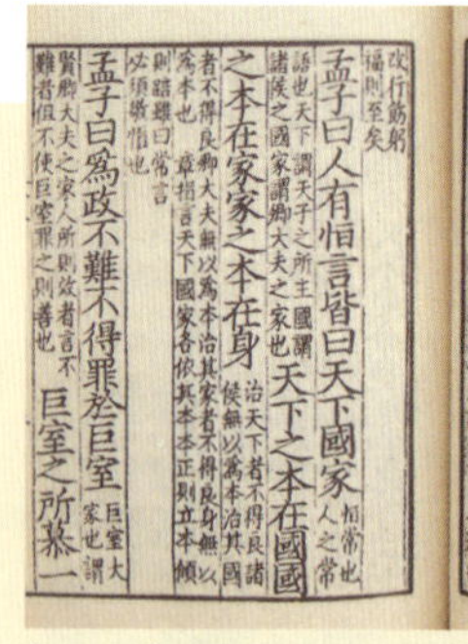

孟子曰人有恒言皆曰天下國家天下之本在國國之本在家家之本在身

孟子曰爲政不難不得罪於巨室巨室之所慕一

《孟子》书影

孟子： 那也是时代造成的。在“利”的问题上，孔子主要强调个人，其意主要在于规劝。而我那个时代，“逐利”之风酿成的危害已十分显著，因此我不是简单的规劝，而是发出警示和呵斥，重点也从个体转向了国家，告诉人们：再这样利欲泛滥下去，国将不国了。我是把“逐利”看成是造成人际纷争和社会动乱的根源的。

步兵格斗图

此为青铜器上的纹饰，充分反映当年两军步兵征战、厮杀的场面。

亚圣殿

孟庙的主体建筑亚圣殿坐落在院中的高台上。殿内西侧竖有北宋宣和三年（1121年）“先师邹国公孟子庙记”碑刻。整座建筑显得庄严神圣，但与孔庙大成殿相较，作为亚圣殿，在规制上，其殿宇形象又是十分得体的。

在反对好利这个问题上，司马迁似乎是理解您的，他说："自天子至于庶人，好利之弊何以异哉！"

双层战船作战图
及水军作战图

孟子：对了。司马迁没有望文生义。有人一听我说"何必曰利"，就以为我反对一切的利了。这怎么可能？我绝不可能蠢到什么利都不要。我大讲"民生"，不就是最大地讲利？我曾明确地说："广土众民，君子欲之。""中天下而立，定四海之民，君子乐之。"（《孟子·尽心上》）对于四海之民的"利"，君子也是"欲之""乐之"的。问题只在于孰重孰轻、孰先孰后罢了。

我的"何必曰利"，是反对与民争利，是反对以私谋利，是反对不择手段地追名逐利，也就是司马迁所说的反对"好利"。

承圣门

孟庙的第三进院落进门。"承圣"两字，取《孟子》上继尧舜禹汤文武周孔统绪之含义。此院东西各建有一门，是平常出入孟庙的通道，分别称为"知言门"和"养气门"，两者取义于《孟子》七篇中"淫辞知其辟"和"我善养吾浩然之气"。"知言门"和"养气门"内南侧，分别建有"祭器库"和"省牲所"。

这就使我们想起了您与您的学生公孙丑之间的一段对话。在齐国时，齐王请先生当客卿，并且准备给您相当丰厚的俸禄，可是，您都拒绝了。学生公孙丑不解，问:“仕而不受禄，古之道乎?”您的回答是“非也”，但没有说明白是怎么回事。在这里，您是否可以作一番解释?

左关铆

上图中的铆是齐国通用的量器。齐国官员领取俸禄粮食，即用此量器。

孟子: 在我看来，仕而受禄，是古往今来天经地义的事。但是，我坚持两点，一是无功不能受禄。我在齐国没干什么事，只是挂了个“客卿”的空名，就不能受齐王的俸禄。二是不仕不义。我到了齐国后，就与齐王交谈，要他行“仁政”，他不干，却愿意用我，那样的“利”我也不能要。这也表明我在受“利”时是有原则的。

《开成石经》之《周易·乾》(碑刻书影)

《周易》包含着“道非常道，有无相生”的宇宙观，也包含着“遵道重德，己所不欲，勿施于人”的人生观。这正是孟子施行“仁政”的理论根据。

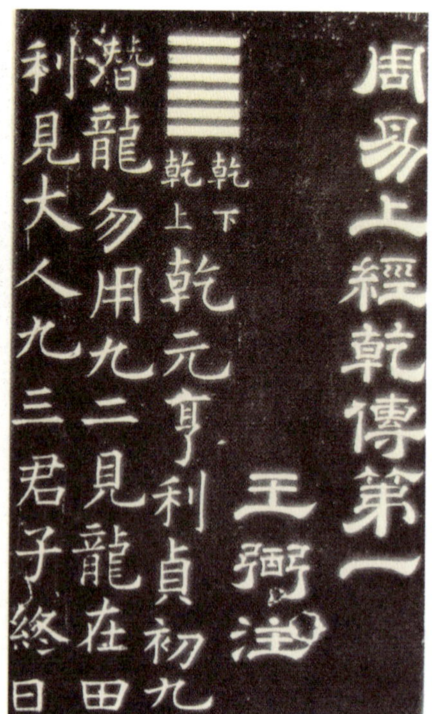

您一贯不讳言“仕”字，而且有一句名言，叫做“士之仕也，犹农夫之耕也”（《孟子·滕文公下》）。农夫耕田是很实惠的，就是为了糊口，为了养家活口，您如此作喻，不也把自己的见识降到农夫般的实惠观了吗？

孟子：生活本身就是很实惠的。我们这些读书人，没有什么“恒产”，但要有一股“恒心”，那就必须有一定的物质作支撑。这种物质支撑的来源，就是“仕”，通过“仕”得来俸禄，养家糊口、祭祀祖先、外出游说，只要正当，我孟轲从不回避一个“利”字。

蚕纹尊

尊口饰昂首相对的蚕群，表现出古人对桑蚕的喜爱。

铜器上的采桑图

人们在树上采摘桑叶。从图片上看，当年的桑树十分高大。

采桑图

后经改良，桑树变得低矮，采桑女可在地面上站着采桑叶。

九五问孟子

您的一位学生彭更批评您说："后车数十乘，从者数百人，以传食于诸侯，不以泰乎？"（《孟子・滕文公下》）"泰"，就是奢侈、过分。您外出时吃得好、住得好，学生说您过分，说您奢侈，您觉得怎样？

蟠螭纹盖豆

上图为战国时期赵国贵族使用的盛食器，镂刻精美，镶嵌高超。《孟子》中常将统治者的奢侈富有和被统治者的贫困窘迫作鲜明的对比，提倡君王与民同乐。

孟子：我当时的回答是："非其道，则一箪食不可受于人；如其道，则舜受尧之天下，不以为泰。"这是我对物质利益享受的态度。不符合道的原则的，分文不取；符合道的原则的，取得再多也不为过。这种说法，就是在两千年后，也不失其真理的光芒吧！

中山王壶

容酒器。腹部铸有182字铭文。铭文接近三晋字体，书体修长、笔法遒美。

莲盖方壶

上图为晋国贵族使用的饮酒器具。

“好利”是不择手段地逐“利”，那是您反对的；“好义”，是无私无畏地倡导“义”，那是您老人家坚持的。那正是“利义之辨”的实质所在，对不对？

孟母林

孟母林为孟子父母及部分孟氏族人的墓地。

孟子： 对。不过，还得补充两句。“好利”，相当于孔子所说的“喻于利”，是孔子也是我所反对的；“好义”，相当于孔子所说的“喻于义”，是孔子也是我所提倡的。在这方面我没有什么大的发明，在这方面，我的思想完全是从孔子那里继承来的。

《老子道德经古本集注》书影（宋范应元撰，宋刻本）

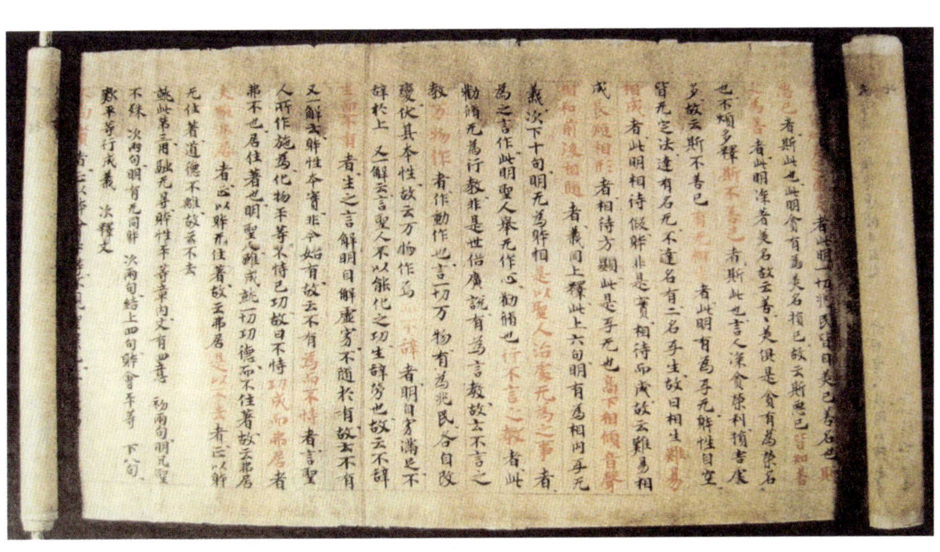

《老子道德经义疏》书影（唐初写本，现存英国国家图书馆）

宋儒程颐说："仲尼只说个仁字，孟子开口便说仁义，其功甚多。"您将"仁""义"并提，的确是开创性的。不过，我对程颐说的"其功甚多"还未完全理解，先生能否作些解说？

程颐像

程颐为宋代理学家和教育家，与其兄程颢不但学术思想相同，而且教育思想基本一致，合称"二程"。他曾评论孟子说："孟子有大功于世，以其言性善也。"

孟子： 我说过，"仁，人心也；义，人路也。"（《孟子·告子上》）又说："仁也者，人也。合而言之，道也。"（《孟子·尽心下》）这些话的意思孔子的《论语》中都有，我只是挑得更明而已。把"仁"说成是人的爱心、善心，而把"义"说成是善人要走的大道、正道。前者是根本，后者是行为过程，合起来是人的经历和经验。这样讲，比离开"仁"单讲一个"义"字有力得多，也更令人信服。

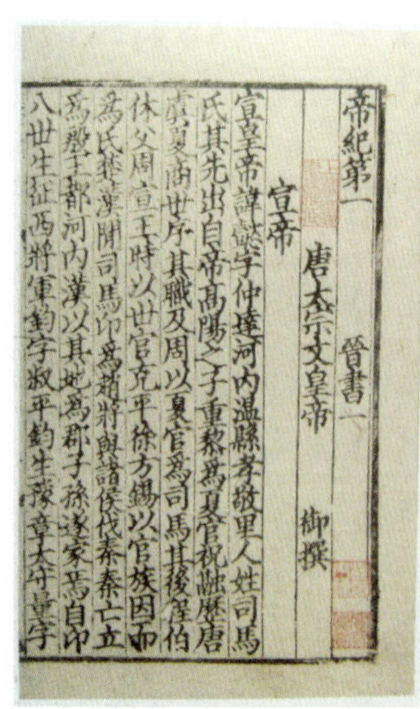

帝紀第一　晉書一

宣帝　唐太宗文皇帝　御撰

宣皇帝諱懿字仲達河内溫縣孝敬里人姓司馬氏其先出自帝高陽之子重黎爲夏官祝融歷唐虞夏商世序其職及周以夏官爲司馬其後程伯休父周宣王時以世官克平徐方錫以官族因而爲氏楚漢閒司馬卬爲趙將與諸侯伐秦秦亡立爲殷王都河内漢以其地爲郡子孫遂家焉自卬八世生征西將軍鈞字叔平鈞生豫章太守量字

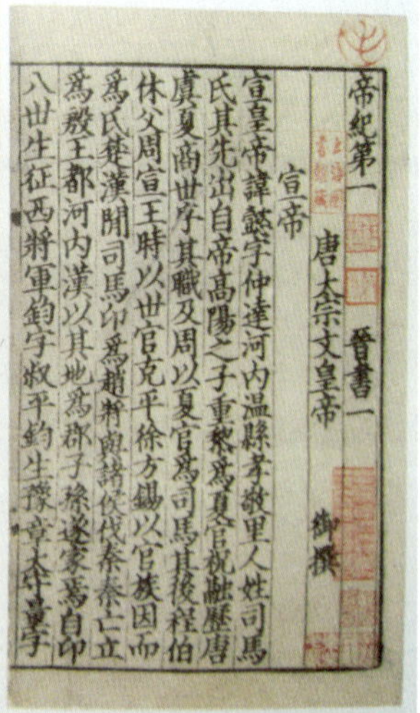

帝紀第一　晉書一

宣帝　唐太宗文皇帝　御撰

宣皇帝諱懿字仲達河内溫縣孝敬里人姓司馬氏其先出自帝高陽之子重黎爲夏官祝融歷唐虞夏商世序其職及周以夏官爲司馬其後程伯休父周宣王時以世官克平徐方錫以官族因而爲氏楚漢閒司馬卬爲趙將與諸侯伐秦秦亡立爲殷王都河内漢以其地爲郡子孫遂家焉自卬八世生征西將軍鈞字叔平鈞生豫章太守量字

《说苑》（元大德刻本）书影

《说苑》，又名《新苑》，古代杂史小说集。刘向编。分类记述春秋战国至汉代的遗闻轶事，其中以记述诸子言行为主，不少篇章中有关于孟子治国安民、家国兴亡的哲理格言。

这样一说，是不是也将“利义”之辩的实质升华了？

陈之新都铜玺印文

战国时期各诸侯国君主都有印玺。此为发布文书、命令的专用凭信，是加强中央集权过程中的产物。

孟子：正是这样。这是告诉人们，“利义”之辩，根本上就是爱心（善心）与物欲的对立，大公与私利的对立，善性与恶念的对立。坚持正义的人，不只是坚持走正道的问题，还有一个弘扬仁爱精神、端正世道人心的问题。的确，让“义”的背后再站一个“仁”字，实在是“其功甚多”。

孟府内景

还有，在孔子那里，“仁”更多的是讲个人修养。“夫仁者，己欲立而立人，己欲达而达人。”（《论语·雍也》）“民兴于仁。”（《论语·泰伯》）这里所指的都是人的个体。而您孟子，把它发展成了仁政学说，这个变化可不小呢！

孟子：这也与我面对的现实有关。为什么孔子的“仁”的学说推广不下去？为什么一些人公然逐利而不讲义？根本的一点是那些当政的人本来就是些不仁不义之人。让这些人管理国家，国家怎么好得了？世道人心怎么变得了？我的仁政学说，就是要让志士仁人来当政，让无恒产而有恒心的士人来当政，让他们来改造整个社会的世道。

戴震像

清代思想家戴震对孟子的仁政作了这样的解释：“一人遂其生，推之而与天下共遂其生，仁也。”（《孟子字义疏证》）其意是说，人人都能遂其生，不是只求人类遂其生，而是让天下的万物共生，便是“仁”，从而把“仁”扩展到人对自然现象与生物的伦理，也就是中国古代哲学与古代文化中的生态思想。这对现代生态学来说，仍然具有重要意义。

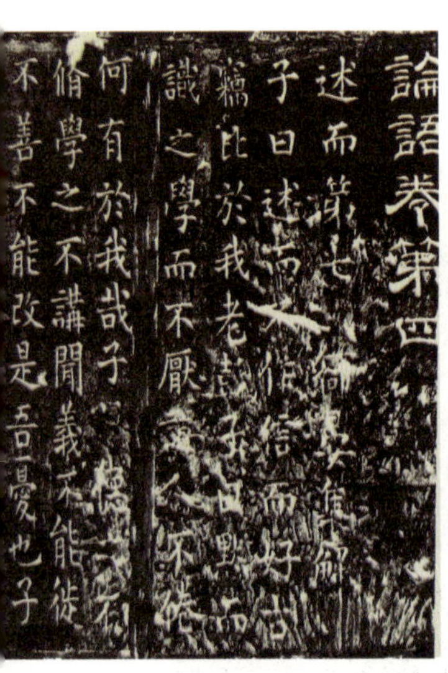

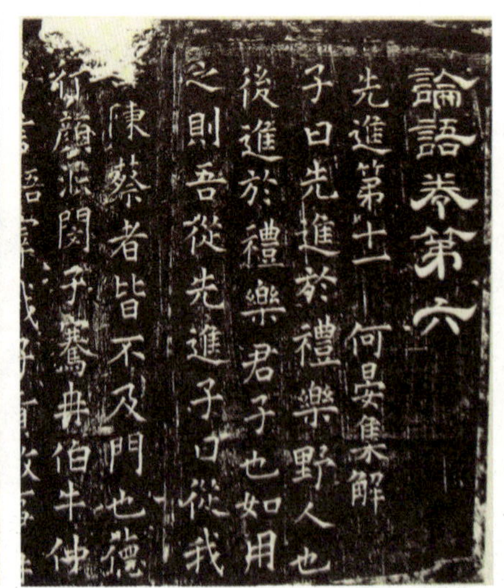

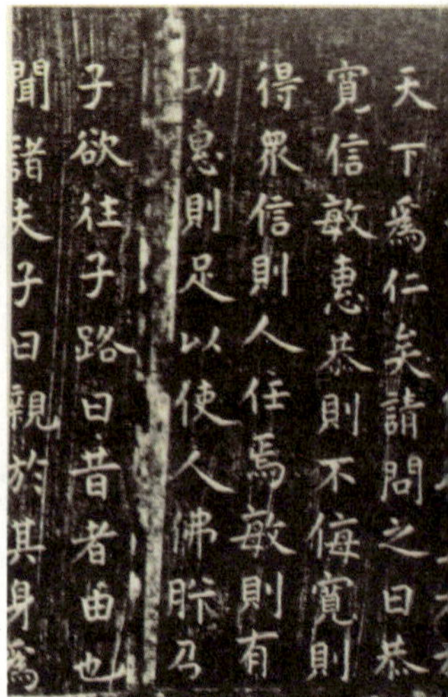

《开成石经》之《论语·述而》《论语·先进》《论语·阳货》拓本

《开成石经》又称唐石经，为唐代的十二经刻石，费七年之久，因完成于开成二年（837年），故得名。

您的仁政说，意在富民、惠民、保民、教民。您应用周公的话说：“天矜于民，民之所欲，天必从之。”（《尚书·周书·泰誓》）这样看来，所谓仁政，所谓仁心，实际上就是民心了。是这样吗？

孟子像

孟子的民本思想，自有其源头活水。“人视水见形，视民知治不”（商汤语）、“圣人无常心，以百姓之心为心”（老子语）、“民惟邦本，本固邦宁”（《尚书》）、“得人者兴，失人者崩”（《诗经》）、“得众则得国，失众则失国”（《大学》）、“争天下者，必先争人”（管子语），这些先贤的格言，是形成孟子民本思想的基础。

孟子：应该是这么回事。周公以商代灭亡为鉴，特别重视道德教育、治术教育和勤政教育，要求“敬德保民”、“明德慎刑”、“有孝有德”、“力农无逸”等，孔子推崇周公，向往周公的伟业，盛赞周公之才，赞叹“周公之才之美”，一直怀念周公，还说“久矣吾不复梦见周公”，就是崇敬周公的“仁心”。周公的思想言论散见于《尚书》中的《大诰》《多士》《无逸》《立政》等篇。我读过后，深为敬佩，将周公与孔子并论，是我第一个称周公为“古圣人”的，足见我对他的尊崇之甚。

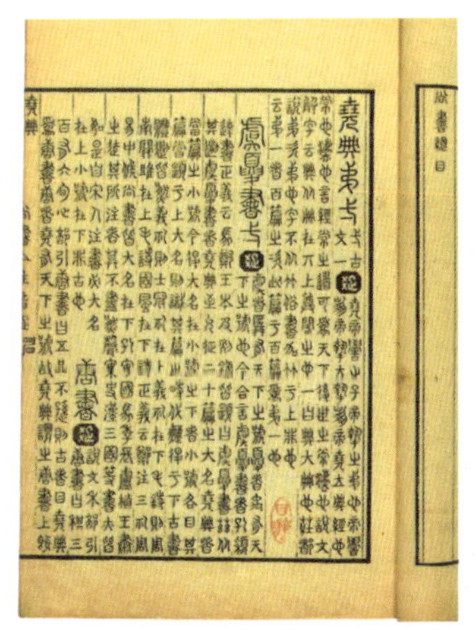
堯典第一
虞夏書
尚書

《尚书》书影

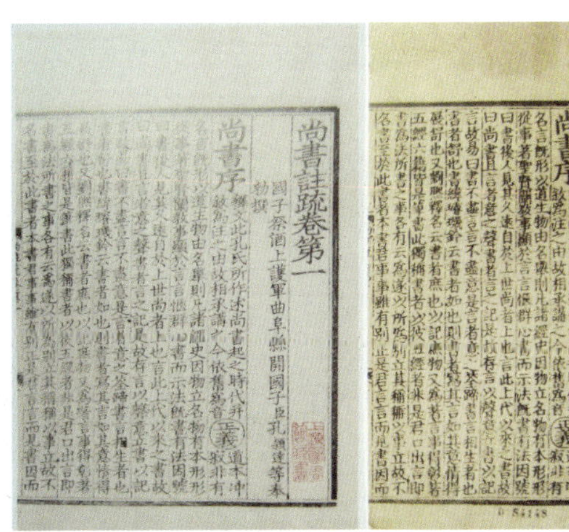
尚書註疏卷第一
國子祭酒上護軍曲阜縣開國子臣孔穎達等奉勑撰
尚書序

《尚书注疏》（右为明永乐刻本，左为民国五年刻本）书影

该书以《尚书正义》为本加以注疏，对“儒墨相渗”加了不少评说。

在义上，您把义与志士仁人的“舍生取义”联系在一起，使一般所言的“义”，扩充为“大义”，使“义”的境界大大提高，提升了整个民族的精神境界。这一点，人们是不会忘记您的。

舍己救人的游侠形象

游侠头戴冠帽，手持盾牌，腰佩长剑，给人以慷慨轻财之印象，为战国特殊时期应运而生的群体。

孟子： 我讲“义”时，是动了真情实感的。我认为，为了保卫正义，甚至可以付出生命的代价。我在《告子上》中说的一段话，已为我们整个民族接受了。这段话我现在再把它抄在这里：

“鱼，我所欲也；熊掌，亦我所欲也，二者不可得兼，舍鱼而取熊掌者也。生，亦我所欲也；义，亦我所欲也，二者不可得兼，舍生而取义者也。”

这几十字，浓缩了我对生命看法的全部精华。对一般人来说，人的生死算是最大的问题了，但是在我看来，与“生”相比，“义”更重要。因为“义”中有他人，有国家，有民族，有社会。“义”比个人的生死都大。

琱生簋（出土于陕西）

专家认定该器是周宣王时期的器物。

"舍生取义"这个观念，后来渐渐融入了我们民族的灵魂，成为一种可贵的民族精神，培育了一大批民族的精英。

范仲淹像

北宋政治家、文学家、军事家，谥号"文正"。他因作《岳阳楼记》而名盛古今，"不以物喜，不以己悲。居庙堂之高，则忧其民；处江湖之远，则忧其君：是进亦忧，退亦忧；然则何时而乐耶？其必曰：'先天下之忧而忧，后天下之乐而乐'乎"，被世人视为千古丽句。

孟子：是这样的。我把后来范仲淹的"先天下之忧而忧，后天下之乐而乐"，以及文天祥的"人生自古谁无死，留取丹心照汗青"这样的情怀，看成是我倡导的"杀身成仁"精神的后世践行和真实写照。我相信我的观念是有生命力的。

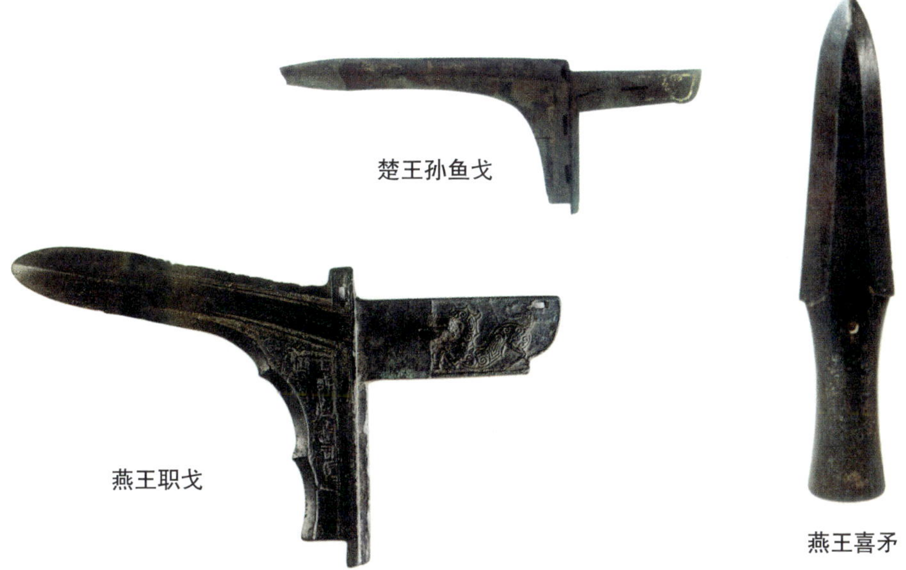

楚王孙鱼戈

燕王职戈

燕王喜矛

孟子所处的时代，战乱频发，各式兵器应运而出。孟子也并非反对所有战争，对于救民于水火的仁义之战，孟子是赞同的。孟子曾对齐宣王说："民以为将拯己于水火之中也，箪食壶浆，以迎王师。"（《孟子·梁惠王下》）可见，孟子不仅高度重视百姓的生存权利、珍视生命远胜于土地、霸权等实际利益，而且他所赞成的仁义之战也是为了更多的民众。

“杀身成仁”与保护自我并不矛盾。先生在某种条件下所强调的“穷则独善其身”是不是对孔子“隐居求志”思想的发展和补充?

大成殿匾额

“大成”,是孟子对孔子的评价。他说:“孔子之谓集大成。”以此赞颂孔子达到了集古圣先贤之大成的至高境界。

孟子: 可以这样认为。孔子在周游列国时,碰到过长沮、桀溺、楚狂接舆、晨门、荷蓧丈人等隐士,从不加以褒贬评说,认为此为社会现象,是一种正常的选择:“天下有道则见,无道则隐”(《论语·泰伯》),“用之则行,舍之则藏”(《论语·述而》)。孔子主张,如果士人的主张与时宜不合,可以退而作“隐”“藏”。这里就包含了我所强调的“穷则独善其身”的内涵。

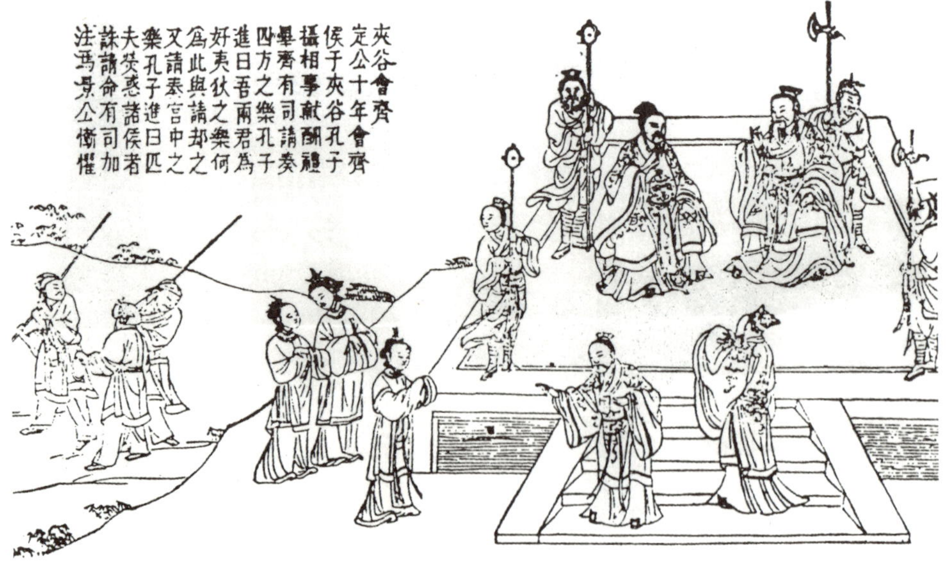

夹谷会齐

清康熙年间木刻图《夹谷会齐》,与选自明代彩绘绢本《圣迹之图》中的图像大同小异。孔子在台阶上拱手,请命有司处分那些以声色荧惑侮慢诸侯者。齐景公深感失礼,并对鲁国有点畏惧,随后就遣使者把以前强占的鲁国三地归还给鲁定公。画面充分表现了孔子的骨气,这种风骨正是孟子所倡导的精神。

世传有这样一则故事：宋钘听说秦国与楚国正在打仗，打算去劝说两国息兵，在路上碰到了您。您问："你准备怎样劝说两国停战？"宋钘说："我想对他们说，这样打来打去，对他们两国都不利，会两败俱伤的。"您说："你那样以利说事，会相反挑起他们的欲求，因为在他们两国的国君看来，只要打胜了，都会对自己有利的。"宋钘问："那怎么劝说呀？"您说："你要告诉他们，你们为利而战，不管谁打赢了这场战争，都是违背仁义的。违背仁义的人，是不会有好下场的。"这个故事说明，同样是"止战"，也有不同的方法和观点。先生的"以仁止战"观，在实际生活中能让人接受吗？

孟子： 不太容易。因为当政者都太讲"实惠"了。在"利"面前，他们服；而对"仁义"，他们没什么概念，甚至于他们以"迂""阔"这样一些字眼来嘲弄我。但是，我一直认为自己是对的，迂就迂吧，只要对民众有好处就行。

"仪门"匾

孟庙仪门又称"泰山气象门"，仪门正中门楣上竖书"仪门"两字。

老子祠

老子祠，又称说经台，相传尹喜曾在此设台，请老子讲经。宋代苏轼作《授经台》一诗，称"此台一览秦川小，不待传经意已空"。

对不同学派，您一直取猛烈攻击的态度。您甚至说："杨氏为我，是无君也；墨氏兼爱，是无父也。无父无君，是禽兽也……杨墨之道不息，孔子之道不著，是邪说诬民，充塞仁义也。"(《孟子·滕文公下》)在文化学派斗争中，您取的是谩骂战术。事后想想，您觉得对吗？

孟子：一时冲动，的确在言词上有失偏颇。说"杨氏为我，是无君也"，似尚可。说"墨氏兼爱，是无父也"，这就是胡说了。冷静下来想想，墨家的兼爱，比起孔子和我提倡的仁爱来说，胸怀和境界还要高呢！在这点上，我得向墨家学习才对呢！

漆棺上的羽人图

古人相信，长羽毛的神仙具有超自然能力，可助凡人升入仙境，体现了对道家思想的崇尚。羽人升仙的传说在汉代盛极一时。

人物御龙帛画

画中主人驾驭游龙飞翔升腾，反映当年楚国流行引魂升天，认为灵魂不朽的意识。孔子一生笃守"不语怪、力、乱、神"(《论语·述而》)。孟子同其先师孔子一样也不信神仙。

2009年2月27日，中国和美国战略经济对话开幕，美国总统奥巴马在致辞中引述了您的一段话。他笑着说："中国的先哲孟子说，山间小路，经常有人走，便踏成了一条大道；过一段时间没人去走，又会被茅草堵塞了。美中目前的任务，就是要开辟一条通向未来的道路，避免被猜疑和分歧的茅草堵塞了道路。"全场听了这段引自您的话，掌声雷动。如果先生能亲睹此情此景，一定会为之动容吧？

朱熹《孟子集注》(孟子生平纪念馆馆藏)

孟子：我十分佩服这位总统先生的才学。一个距我两千五百年的外国人，能这样准确地理解我的话，实在不容易。我说了："义，人路也。"这条人路不是天然的，而是靠人的两条腿走出来的。我的原话是这样的："山径之蹊间，介然用之而成路。为间不用，则茅塞之矣。"(《孟子・尽心下》)其文意不用讲了，奥巴马已作了解释。问题是这段话的微言大义在哪里？我要告诉大家的是：义是人生之路，而这路不是现成的，它是人们从长满茅草的山谷中开辟出来的，它是靠人的脚踩踏出来的。在这点上，奥巴马算得上是知吾道矣！只有不断地走，不断地踩踏，那路才能永远畅通无阻。

张载像

张载，北宋理学创始人之一，程颢、程颐的表叔，理学支脉"关学"创始人。他刻苦攻读《中庸》以及《论语》《孟子》等儒学经典。有学者认为，张载以易为宗、以孔孟为法、以礼为体。画像藏台北故宫博物院。

孟子生平事蹟陳列

第六章 浩然正气

是的，人生犹如赶路，我们每个人都在赶路。而这路，不可能是一马平川，它会有坑坑洼洼，会有崎岖不平，会有丛生的茅草，还会有挡道的豺狼虎豹。孟子说了，“为间不用，则茅塞之矣！”一段时间你不去走它，就不只茅草会塞道，豺狼虎豹还会挡道。要清除这些塞道的茅草，要扑杀这些挡道的豺狼虎豹，就要有那么一种勇气，那么一股浩气。孟子说的“吾善养浩然之气”中的气，正是行走在人生之路上的人们所必备的精神气质。

在中国历史上，论“气”的，先生不是第一人，且先生的论“气”与传统学者的论“气”也不太一样。可以约略地给我们讲一些有关这方面的知识吗?

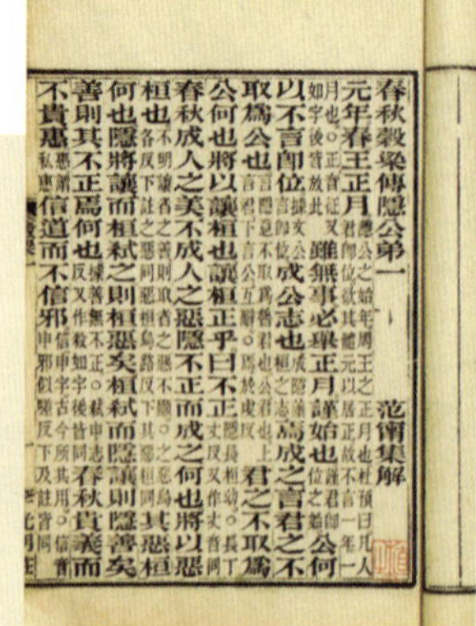
春秋穀梁傳隱公第一　范甯集解
元年春王正月雖無事必舉正月謹始也公何
以不言即位成公志也焉成之言君之不
取為公也君之不取為
公何也將以讓桓也讓桓正乎曰不正
春秋成人之美不成人之惡隱不正而成之何也將以惡
桓也其惡桓
何也隱將讓而桓弒之則桓惡矣桓弒而隱讓則隱善矣
善則其不正焉何也春秋貴義而
不貴惠信道而不信邪

《春秋穀梁传》书影

《春秋穀梁传》中论“气”文中有言:“夫战，勇气也。一鼓作气，再而衰，三而竭。”

孟子: 当然可以。在我之前大谈“气”的人，的确是有的。这个“气”一般都比较实在，甚至是肉眼能看得见，躯体可触摸得到的。比如山间飘动着的云气，空间游移着的雾气，不都是可以看到、可以触摸到的吗? 我国是农业大国，得“靠天吃饭”，因此对这“气”十分地关注。就是游牧部落，人们的生存状态也与这“气”紧密相关啊! 这种关注，必然反映到思想家的观念中来。管仲说的“有气则生，无气则死，生者以其气。”(《管子·枢言》)把“气”看成是生命的最重要因素。老子说:“万物负阴而抱阳，冲气以为和。”(《老子·第四十二章》)这里把“气”理解为阴阳二气，这“气”相互作用，万物才会和谐。这些说法，有一个共同点，就是都把“气”看成是实实在在的生命中不可或缺的东西。

亚圣殿石柱

孟庙亚圣殿四周，环立二十六根八棱擎檐巨型石柱，柱下以石鼓为础，鼓下又以石刻覆莲作承托，石刻覆莲为宋代建庙时原物。

您所极度崇拜的孔老夫子似乎不太谈“气”，就是谈了，也不太强化，“气”在他的整个学术思想体系中处于无足轻重的地位，您说是不是这样？

孟子自刻为母殉葬石像（孟母墓中出土）

孟子： 你们说的大致上是对的，但不太精确。其实，孔子也是讲“气”的，他说：“君子有三戒：少之时，血气未定，戒之在色；及其壮也，血气方刚，戒之在斗；及其老也，血气既衰，戒之在得。”（《论语·季氏》）这里，他提出了“血气”这个新概念。“血”是实实在在的东西，与人的不同年龄段结合在一起形成的“血气”这个概念，就半虚不实了。这个“气”的概念，比老子说的“冲气”的那个“气”要虚，但比我后来说的“浩然之气”的那个“气”要实在。孔子是主张在不同的年龄段，对“气”要有不同的自控法的。

孔子走出了“气”的由实到虚的一小步。他个人的一小步，却成了后世的一大步。正是孔子走出的这一小步，为我日后的“浩然之气”说奠下了基石。

石台孝经碑亭

唐玄宗提出“以《孝经》理天下”，亲自为《孝经》作序，并于天宝四年（745年）下诏刻石立碑。孟子继承了孔子的孝道思想，又进行了新的拓展。其具体内涵包括对父母生时的奉养、对父母死后的丧葬、祭祀、娶妻生子等方面。

石台孝经碑（今存西安碑林博物馆）

《孝经》为孔子弟子曾参与孔子关于孝的谈话记录，共有十八章，二千八百八十三字。

如果说老子的“气”还是偏于实的话，那么，孔子的“气”则介乎虚实之间，您孟子的“浩然之气”则完全是虚的了。能不能作这样的理解？

孟子：我不是强调仁义吗？仁就是有爱心的人，义就是人走着的路。行路难，这对谁都一样。怎么办？那就用得着“气”了。这里的“气”，就是气势，就是气概，就是人的一种精神状态，进而就是人们常说的气质和气度了。人要有肉体的东西，也要有精神的东西，两者缺一不可。我在这里强调了“气”的重要性。这也是我在实践中得出的结论。

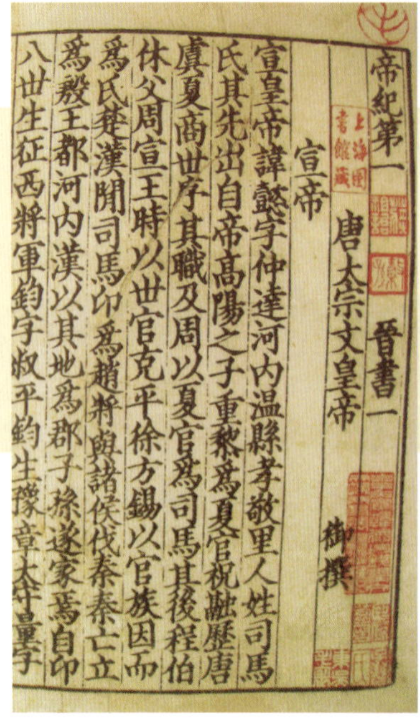

帝紀第一　晉書一
唐太宗文皇帝　御撰
宣帝
宣皇帝諱懿字仲達河内温縣孝敬里人姓司馬
氏其先出自帝高陽之子重黎爲夏官祝融歷唐
虞夏商世序其職及周以夏官爲司馬其後程伯
休父周宣王時以世官克平徐方錫以官族因而
爲氏楚漢閒司馬卬爲趙將與諸侯伐秦秦亡立
爲殷王都河内漢以其地爲郡子孫遂家焉自卬
八世生征西將軍鈞字叔平鈞生豫章太守量字

《晋书》(宋刻本，现存上海图书馆)书影

晋咸康三年(337年)，国子祭酒袁环与太常寺卿冯怀共同上书《请兴国学疏》，第一次将“孔孟”并称。疏中有言：“孔子恂恂，道化洙泗；孟轲皇皇，诲诱无倦。是以仁义之声于今犹存，礼让之节千载未泯。”疏载《晋书》本传。他们的这一提法，得到了晋成帝的认可。

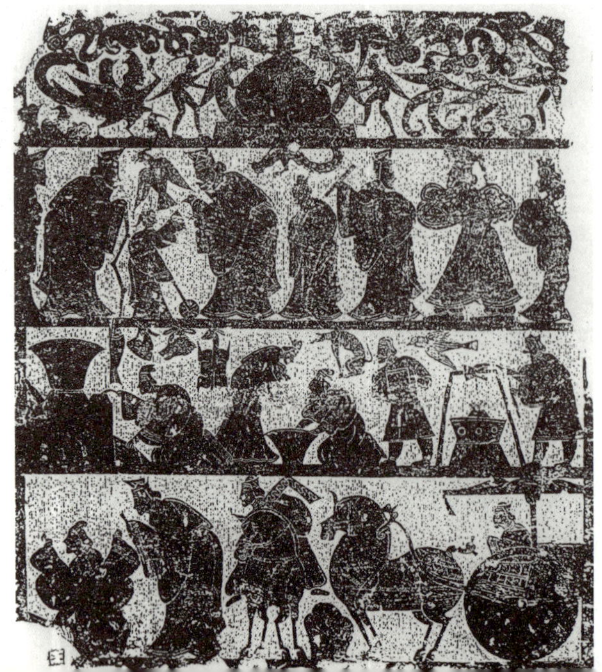

孔子问礼(局部，汉画像石拓本)

孔子曾多次向老子请教过关于“礼”的问题，作为“亚圣”的孟子是孔子“儒学”学说的继承人，一生致力于辨礼义，是一位精通礼的思想家，对于老子的礼学当有吸取。

您不只说“气”，而且说“浩然之气”，其意何在？

文天祥像

文天祥，诗人、政治家，与陆秀夫、张世杰并称为“宋末三杰”。他借孟子的话说：“吾善养吾浩然之气。”在狱中写作大量诗词，《过零丁洋》《正气歌》等作品已成为千古绝唱。文天祥的“浩然正气”与孟子“舍生取义”精神一脉相承。

孟子：我是在强调一个“大”字。浩者，江河澎湃之势也。大江大河，日夜东流，势不可挡。浩然之气，就是指我的这种“气”，是什么力量也阻挡不住的。“其为气也，至大至刚，以直养而无害，则塞于天地之间”（《孟子·公孙丑上》）。这种气，是天地之气，也是人气。我敢于藐视那些看起来不可一世的大人物，就因为我身上有这样一种“浩然之气”。

陈侯因咨戈

此为战国时期齐威王使用的兵器。

长杆三戈戟

杆由竹、木、藤和丝合成，刚柔相济，不易折断。

铁胄（燕下都遗址出土）

护头铁胄，用八十九片铁片编缀而成，是迄今发现时代最早的铁胄。孟子说“春秋无义战”（《孟子·尽心下》），一部战国史，基本上是各诸侯国为了争夺土地、霸权而互相侵略厮杀的战争史。对此，孟子痛斥道：好战者制造兵器“罪不容于死”。

这种“浩然之气”，除了它有“大”的特点之外，是否还有其他方面的特点？

苏辙像

宋代文学家苏辙的一大历史贡献是对孟子的“养气”之说加以发挥，认为孟子所言“我善养吾浩然之气”实为“宽厚宏博，充乎天地之间”。

孟子： 有的，那就是它的“正”。它是一种人间正气。请注意，我所讲的“气”是以“仁”与“义”为前提的。我有“仁”，说明我是一个善人，我有“义”，说明我正在走正道。我所说的“浩然之气”正是走正道过程中的一股浩然正气，凛然正气！朱熹在解释“浩然之气”时说得好：“至大初无限量，至刚不可屈挠。盖天地之正气。”（《四书章句集注·公孙丑章句上》）。一千多年后，文天祥作《正气歌》，所弘扬的正是我说的那种“浩然之气”。文天祥是承继了我的思想的。

孟激塑像

孟庙启圣殿中神龛内安置孟子父亲激（字公宜）的塑像。

您不像同时期的一些思想家那样说“得气”“求气”“冲气”，而是说“养气”，而且还强调说善养“浩然之气”。请具体地说一说，您所谓的善养“浩然之气”，究竟包括哪些内涵呢？

曾国藩像

曾国藩以孔孟道统的继承人自命。他在《日记·向学》中说：“愿终身私淑孟子，虽造次颠沛，皆有孟夫子在前，须臾不离。”在日记中对孟子的“与人为善”思想作了进一步的解释：“人有善，则取以益我；我有善，则与以益人。连环相生，故善端无穷。”

孟子： 我在《公孙丑上》中，讲了“我善养吾浩然之气”后，紧接着一大段话，讲的就是养气问题。至少讲了三点：第一，“以直养而无害”。何谓“直养”？那就是以正直之心去培养。这里明确了，“养气”的第一大前提，就是要有一颗正直善良的心，也就是我们前面说过的“仁心”。没有“仁心”，只能“害”了气，而根本谈不上什么养气。第二，“是集义所生者”。“气”不能凭空而生，也不能悬空挂着，它必须与“义”联系在一起。一个人“气壮如牛”可能是好事，也可能是坏事。在义举中气壮如牛，是好事；在不义之举中气壮如牛，就不是好事了。江湖义气也讲气，但那有时会做些好事，有时会干出坏事。这里说到气是“集义而生”的，意思很明白，就是在一次次的义举中，自然而然地“生”出了“气”来。用一句通俗的话来说，那就是：走正道，生正气。第三，“勿助长也”。气是在行义过程中自然地从人心中长出来的，不是外加的。它是一个自然的过程，急是急不来的。后来比较著名的“拔苗助长”的故事，就是我在讲“气”时加以引喻的，其故事就是说，硬是人为地要“气”长得快一些，而采取一些外加的措施，不只无益，而且有害。

寇准像

寇准，北宋大臣，他深受孟子的“吾善养吾浩然之气”思想影响，“表儒内道”。学人认为，他家中还隐秘地供养着道人，所以内政外交，仍旧是老庄的路子。画像藏台北故宫博物院。

您在谈论“气”的时候，常与仁、义联系在一起，同时又常会讲到“志”。“义”与“气”，以及“志”与“气”，它们之间的关系究竟怎样呢？

张之洞像

清末洋务派代表人物张之洞，在其《劝学篇·同心》中赞扬：“孔子诛乱贼，孟子明仁义，弟子布满天下。”

孟子：“志”与“义”可以是同一的。“志”是人生的目标，“义”也是人生的目标。我与孔圣人都说过“志于道”，这个“道”，就是道路，就是“义”。志同道合，相当于说志同义合。当然，“志”除了总体的“志于道”外，还有一些具体的内容，如职业选择上的“志”啊，技艺修养上的“志”啊，孔子说自己“十五而志于学”，那是学习生活中的“志”。

孟府世恩堂内景陈设

孔子跟学生谈了那么多次“志”，可是从来没有一次谈过“志气”。您的“志气说”是否可以看成是对孔学的一个重大发展和重要补充？

司马光像

北宋“非孟”派代表人物司马光曾作《疑孟》批评孟子，其中一大罪状便是孟子不知“君臣大义”。说孔子为一代圣人，君王有召，孔子旋即而行，而且显得毕恭毕敬。而孟子表现出了一定的独立人格，“王有召而不往”，还鼓动臣民与君主讲条件，甚至试图与国君分庭抗礼。孟子究竟在什么地方得罪了国君呢？就是孟子主张“民贵君轻”，强调限制君权，鼓吹人本意识等等，而这正是专制君主所无法容忍的。这大概是历朝历代咒骂孟子之声不绝于耳的重要原因吧。

孟子：应该可以这样说吧！我说过：“夫志，气之帅也；气，体之充也。”（《孟子·公孙丑上》）志，是挂帅的，在把握方向这一点上，也是孔圣人强调的；而气，是充盈于人体的所有行为中的，这种说法是我首倡的。每一个行为，都可以看得出你是有气还是无气、正气还是邪气。我批评齐宣王的“不为也，非不能也”，从某种意义上说，也是批评他的无正气。

孟府内院

单说志啊、气啊，大家总觉得有点空洞，于是，先生着意塑造了一个“大丈夫”的理想人格形象。“大丈夫”大约是当时思想界的通用语，多见之于文献，道家、儒家都说过“大丈夫”。先生认为“大丈夫”的标准是什么?

老子雕像

儒家讲“大丈夫”，道家也讲“大丈夫”，只是标准不同罢了。《老子·三十八章》有言：“是以大丈夫处其厚，不处其薄；居其实，不居其华。故去彼取此。”

孟子：标准就是既有仁义精神，又有磅礴之气概；既有“志”，又有“气”。在朝敢啸傲诸侯，在野能助人为乐。一生积极向上，有所作为。具体的要求，那是大家都知道的，就是：“富贵不能淫，贫贱不能移，威武不能屈。”(《孟子·尽心下》)富贵不能淫，讲的是经得起花花世界的诱惑，经得起利欲世界的考验，站得稳脚跟。贫贱不能移，讲的是吃得起苦，甚至以苦为乐。威武不能屈，讲的是在权势面前，在社会恶势力面前，永远有一往无前的精神，绝不屈服。经得起“富贵”“贫贱”“威武”这三考的人，才可称为“大丈夫”。

孟府门墙

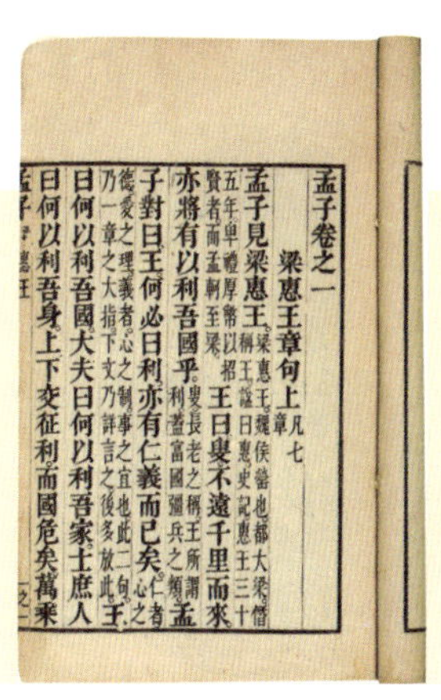

孟子卷之一
梁惠王章句上 凡七章
孟子見梁惠王。梁惠王，魏侯罃也。都大梁，僭稱王，謚曰惠。史記惠王三十五年，卑禮厚幣以招賢者，而孟軻至梁。
王曰：叟不遠千里而來，亦將有以利吾國乎？叟，長老之稱。王所謂利，蓋富國彊兵之類。
孟子對曰：王何必曰利，亦有仁義而已矣。仁者，心之德，愛之理。義者，心之制，事之宜也。此二句乃一章之大指，下文乃詳言之。後多放此。
王曰何以利吾國，大夫曰何以利吾家，士庶人曰何以利吾身，上下交征利而國危矣。萬乘
孟子 梁惠王 一之一

《孟子》书影

在《孟子》中，与“贱丈夫”相关的称谓还有“狼疾人”（乱而不知治的人）、“饮食之人”（只知口腹之乐的人）、“乡原之人”（媚于世者）、“好事者”（无事生非者）、“横民”、“顽夫”、“鄙夫”、“薄夫”等。

在论述过程中，您善于运用对比的手法，如您创造了“大丈夫”的理想人格，同时又创造出“贱丈夫”的反面典型人格，两者相较，更显得“大丈夫”的高大伟岸了。请问，您是怎样描述“贱丈夫”们的呢？

孟子： 以“仁”和“义”为道德基准，我把人分为三类。一般成年以后的男性，在道德上过得去的，我们称之为“丈夫”，在《孟子·滕文公上》中就有“彼丈夫也，我丈夫也”的说法，在道德方面属上乘的，即为人大度，具有公心、见义勇为的人，称为大丈夫；而道德上在一般水准以下，以至于只会贿赂公行、蝇营狗苟、跑官求官、垄断市场、操纵权柄、横行霸道的，称为“贱丈夫”。“有贱丈夫焉，必求龙断而登之，以左右望而罔市利。人皆以为贱，故从而征之。征商，自此贱丈夫始矣”（《孟子·公孙丑下》）。我拿“贱丈夫”来示众，正是为了让大家都来当正正派派的大丈夫。

孟府廊檐

“大丈夫”要经受种种考验，已如上文所言。怎么看待种种考验，这里有一个思想方法论的问题。您把劳苦、饥饿、人为的捣乱这样一些本来的坏事，从另一视角看成是人生的大好事。这可以视作是您馈赠后人的一份最可宝贵的遗产吧？

程颢像

理学家程颢、程颐说：“学者须先读《论语》《孟子》，穷得《论》《孟》，自有要约处，以此观其他经，则省力也。”（《近思录》）他们甚至认为，《论语》和《孟子》学好了，其他经也可以不学，足见二程对《孟子》地位的评价之高。

孟子：把原本的坏事看成好事，这不是一个简单的方法论的问题，实际上是我们民族千百年奋斗所获得的精神财富。谁都承认在四大文明古国中，中国所处的自然条件是最差的，但我们民族奋斗过来了，而且千百年来一直挺立在世界的东方，靠的是什么？靠的就是这样一种以苦为乐、知难而进的民族精神和民族素养。我写道：

“天将降大任于斯人也，必先苦其心志，劳其筋骨，饿其体肤，空乏其身，行拂乱其所为，所以动心忍性，曾益其所不能。”

我的结论是：“生于忧患而死于安乐也。”（《孟子·告子下》）

这些文字虽然见于我的文稿中，但我将这些精神财富的取得归功于我们整个民族。

赵普像

赵普，北宋初期的杰出政治家。自幼学习吏治，是赵匡胤“黄袍加身”的预谋者、“杯酒释兵权”的导演者，三度为相，为一代名臣。赵普智谋多，虽然读书不多，但能精读《论语》《孟子》等儒家经典，有“半部《论语》治天下”之说。

有人说先生所言“生于忧患而死于安乐”，这是一种环境决定论，是这样吗？

王夫之像

明末大思想家王夫之晚年写了小册子《俟解》，意思是期待读者的理解。他在《俟解》中讲了孔子思想与孟子思想的区别。他说：“孟子言性，孔子言习。性者天道，习者人道。”

孟子： 我一直强调周围环境对人成长所起的作用，但是我没有说是起决定性作用。这里讲了两层意思：一是逆境对人的成长可以起“动心忍性”的作用，一是要教人懂得，保持“生于忧患而死于安乐”的意识，可以使自身生存下去而不致早早消亡。

孟庙屋檐上的“负屃”

负屃为传说中龙之一子，雅好斯文，盘绕在石碑顶端。

孟府修竹

没有忧患意识，一旦大难临头，就会不知所措，生死相对，忧患安乐并称，而您论述的着重点在忧患意识上。“忧患”意识正是先生所倡导的，这也是您对自己人生宝贵经验的总结？

观周明堂（清代木刻图）

画中周成王年幼，秉圭坐在天子位上，后有周公辅政。孔子率弟子观壁画，教人从善弃恶，知古代帝王盛衰，也明社会之兴亡。出典于《孔子家语》。周公、周成王、孔子都是孟子所崇拜的贤君先师。

孟子：不能这样说。虽然我一直强调“忧患”意识，但这一说法并不是我所开创的。先民先哲早有此念。《论语·卫灵公》有两句话：“君子谋道不谋食”，“君子忧道不忧贫”。由此看来，孔子的忧患意识甚浓，他忧虑自己是否得“道”，是否能弘“道”。所以，孔子遑遑奔走于列国之际，他所忧所患的就是“道”。我的忧患意识之说只是推导和阐发先贤的见解，我说：“君子有终身之忧，无一朝之患也！”（《孟子·离娄下》）

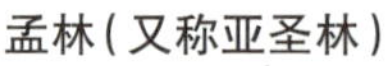

孟林（又称亚圣林）

有人认为，先生的忧患意识说注入了民本思想的新元素，提出了“忧民之忧”的思想，这是对孔子思想的进一步发展。

董仲舒像

董仲舒与孟子都欲借“天命”来实现其政治主张。孟子提出“天民合一”说，董仲舒提出“天人感应”论，有其“一以贯之”的思想理论，即始终强调以德政或仁政得民心，其方向集中于用“天意”、用“仁道”来约束、规范统治者的言行。

孟子： 可以这样说，是一种发展。我认为“民贵君轻”，这对君主来说，更是必备的意识。我从争夺天下的角度，提出：“乐民之乐者，民亦乐其乐；忧民之忧者，民亦忧其忧。乐以天下，忧以天下，然而不王者，未之有也。”（《孟子·梁惠王下》）“忧民之忧”是“王天下”的出发点。

孟府题刻碑石

亚圣牌坊

第七章 岳岳亚圣

孟子虽说生前在理论上、思想上做出了巨大的贡献，但并没有由此青云直上。人们对他的既“迂”又“阔”的嘲讽，久久挥之不去。历史需要考验，定评需要时间。直到一千多年后的宋元时期，人们才将“亚圣公”的桂冠戴到了他的头上。到了清代，当时的皇帝又题之以“岳岳亚圣”，认为孟子像泰山一样永恒。

作为孔子的私淑弟子，孟子是无愧于先圣，也无愧于历史的。

二十一问孟子

您和孔子在生前都被称为“迂夫子”，这就决定了你们两人共同的命运。可是，由于性格上的差异，两人之“迂”，似乎在共同中又表现出某种差异，您能简略地给我们勾勒出你们二人的异同吗？

王安石像

宋代大力推荐孟子的首推著名的改革家王安石。他早年即立志直追孔孟，他以“孟、韩之心为心”，以重振儒学为己任。他“素喜孟子”，不仅作《孟子》注解，还写有许多诗文赞扬孟子。以孟子为圣人，言“孔孟如日月”，经他提议，宋神宗改法，把《孟子》升格为“兼经”，列为学科，作为科举考试的内容。由于王安石的尊孟，还引起了当时政治上保守派“非孟”及以后儒者“尊孟”的争论。正是在这些争论中，孟子学说越辩越明，影响也越辩越广。

孟子：相同处是，两人都坚持着己见。想好了，说什么也不动摇。这就是所谓的“迂”。在我看来，这是一种可贵的品质，孔夫子也一定会以为这是一种好品质，后世有识之士也会这样认为。宋代的王安石在我的庙堂里题词说：“何妨举世嫌迂阔，故有斯人慰寂寥。”他是把迂阔的我和孔子当作异代知音看待的。

当然，在“迂”的表现形式上，我与孔子是不尽相同的。当学生子路问孔子准备在卫国干些什么时，孔子说“必也正名乎”，子路当面说老师太“迂”了，孔子除批评他太放肆外，也没说什么。孔子是“迂”得沉静，“迂”得温文尔雅。而我则不同，我是以“好辩”著称的，我“迂”得外向，“迂”得彻底，“迂”得张扬。你说我“迂”，我偏要与你辩个清楚不可。这样，得罪了好多人，身后名声一时也好不到哪里去。也许这就是“性格决定命运”吧。

孟庙碑林

秦始皇像

您身后，中国社会有一场秦火之灾，它的主要目标是冲着儒生而来的。生前张扬的您，遭大殃了吧？

孟子：那是必然的。我死后的数十年间，我的弟子和再传弟子在社会上还是比较活跃的。他们中虽说“出仕”的不多，但在宣传上还是有影响的。可是，秦王朝建立后，我们这些儒生的日子就不太好过。但是，这些儒生像我一样，还是“迂”得可以，面对这些“大人”还是取“藐之”的态度。那还了得？结果被一网打尽，史料记载说：“孟子徒党尽矣。”这大概是最伤元气的一次。

秦始皇兵马俑

鲁壁

秦始皇焚书时，孔子九世孙孔鲋将孔子的书藏于孔宅墙壁即“鲁壁”中，得以保存。

西汉时期，孔孟之学得到了复苏。统治者为了医治战争创伤，法家、兵家那一套是不能用了，最重视的当然是道家的“无为而治”那一套，但与此同时，相对温和柔性的儒家也得到了一定程度的重视。您能谈谈这方面的情况吗?

汉武帝像

汉武帝在董仲舒的建议下，实行了“罢黜百家，独尊儒术”。此儒术是董仲舒改造了由孔子创立、经孟子发展的儒家学说，并且把各家学说和阴阳五行等思想融合在一起的，孟子的地位由此大大提升。

孟子：汉初有一个过程，先是道家大行其道，但也没有冷落了儒家。就在黄老之术最畅行的孝文帝时期，《论语》《孝经》《孟子》《尔雅》曾一度皆置博士。这是件大事，大约当政者以为儒、道是可以通融的，所以才这样做。到了董仲舒“独尊儒术”时，我的“定于一”学说更是大受尊重。

孟子墓碑

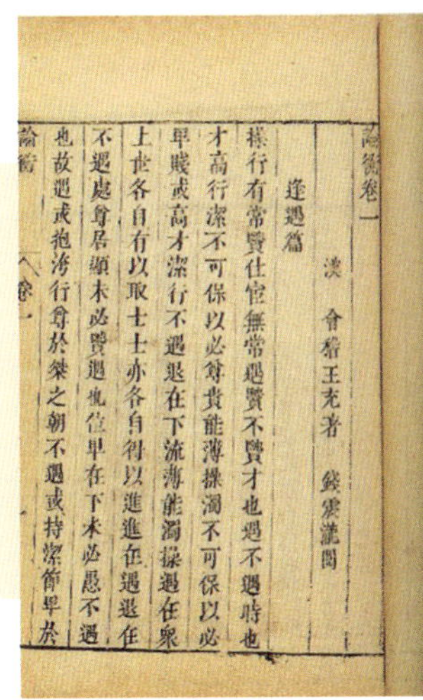
論衡卷一
漢 會稽王充著 錢震瀧閱
逢遇篇
操行有常賢仕宦無常遇賢不賢才也遇不遇時也
才高行潔不可保以必尊貴能薄操濁不可保以必
卑賤或高才潔行不遇退在下流薄能濁操遇在衆
上世各自有以取士士亦各自得以進進在遇退在
不遇處尊居顯未必賢遇也位卑在下未必愚不遇
也故遇或抱洿行尊於桀之朝不遇或持潔節卑於
論衡 卷一

《论衡》书影

王充曾作《论衡》，专辟《刺孟》篇，声称：“非孟子之贤效，与俗儒无殊之验也。”说孟子同俗儒乃是一路货色。

东汉时，您的地位处于一种有升有降的微妙状态。有人批评您，甚至把您说得一文不值，但还是有人推崇您。对此，您作何解释？

孟子： 人貌各异，认识不同，是完全正常的。对于“好辩”的我，人家更是有不同评说。东汉时，对我有所批评的，一是官方，二是学界。官方是看到了我有些“不妥”的言辞，于是，决定把《孟子》的传记博士取消。学界是批评我所说不严密，大学者王充指责我“论不实事考验，信浮淫之语”，结论是：“与俗儒无殊。”（《论衡·刺孟》）但是，我的民间地位还是在上升，尤其是《说文解字》在引我说过的一些话时，还是称“传曰”，这对我来说是莫大的鼓舞。

孟庙碑林一角

孟子的思想尽管受到某些非议，但后人仍然为他树碑立传，孟子在身后还是受到了推崇。

魏晋南北朝时期，玄学的兴起和佛学的传入，对儒学是一个极大的冲击和挑战，但是，儒学并没有销声匿迹。相反，儒学从官方渐次深入到了民间，人们对您的了解也进一步加深，能不能这样说？

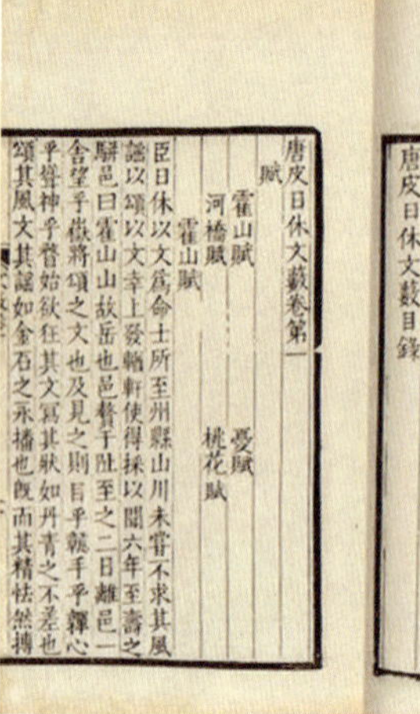

唐皮日休文藪目錄

送從弟歸復州 皮子世錄

唐皮日休文藪卷第一

賦

霍山賦 憂賦

河橋賦 桃花賦

霍山賦

臣日休以文爲命士所至州縣山川未嘗不求其風謠以頌以文幸上發輶軒使得採以聞六年至壽之騶邑曰霍山山故岳也邑贅于阯至之二日離邑一舍望乎嶽將頌之文也及見之則目乎駭手乎彈心乎聳神乎眷始欲狂其文寫其狀如丹青之不差也頌其風文其謠如金石之永播也旣而其精怯然搏

《皮子文薮》书影

至唐代，孟子思想在社会的影响日益广泛，许多士大夫纷纷上疏，要求将《孟子》列为太学里的一个学科，提议《论语》《孝经》《孟子》兼为一经。唐末，皮日休又上疏请立《孟子》为学科。

孟子：人们对我了解加深的一个表现是，首次在民间出现了“亚圣”这个称呼。三国魏人徐幹在《中论·序》中写道：“孟轲怀亚圣人之大才，著一家之法。”请注意：这是民间的一种提法，是民间的学人对我作为孔子私淑弟子的真正肯定，表彰我在儒学研究上仅次于孔子，从而被称为“亚圣人”。但是，我又是有所创新的，并不只是一味地跟在孔子后面亦步亦趋，因此又被称为“一家之法”。

西晋时的傅玄对我的“正心”之说甚感兴趣，作《正心》篇，说：“立德之本，莫尚乎正心，心正而后身正，身正而后左右正，左右正而后朝廷正，朝廷正而后国家正，国家正而后天下正。”这里向执政者强调一种思想：治乱要从自己做起。这一点正好可以为那个时代所用。

孟庙古树

到隋唐时代，您所大声疾呼的“天下定于一”的局面又一次出现了，决定您身后命运的时期也到来了。唐代一些人几次三番地张罗着要将《孟子》一书“入经”，虽未经官方批准，但气势是造成了。“入经”是必然之势，只是时间早晚问题。对此，您感到欣慰吗？

韩愈像

孟子地位的确立，是自唐大文豪韩愈开始的。韩愈认为孟子是尧、舜、禹、汤、文、武、周公、孔子的继承人。他在《读荀》一文中说：“始吾读孟轲书，然后知孔子之道尊，圣人之道易行，王易王，霸易霸也。以为孔子之徒没，尊圣人者，孟氏而已。”并认为：“求观圣人之道者，必自孟子始。”他称赞孟子“功不在禹下”。

孟子：我最感到高兴的倒不是入经的问题，而是唐代的大学问家韩愈确定了我在道统中的地位，这对我来说才是最重要的。韩愈说：

“尧以是传之舜，舜以是传之禹，禹以是传之汤，汤以是传之文、武、周公，文、武、周公传之孔子，孔子传之孟轲。”（《韩昌黎集·原道》）

这样一来，我孟子成了儒家学说的正宗嫡传，这当然是让我最为高兴的事。接着，韩愈又在《原道》中说：“轲之死，不得其传焉！”前有古人，后无来者，虽说是一种悲哀，但对我来说又是一种荣誉，至少到唐代为止，没人敢说超过我啊！

碑林一角

一个人，一个学派的发展，不可能是一帆风顺的，宋代前期，掀起了一股批评孟子的不大不小的潮流，您注意到了没有？

李觏像

李觏，北宋思想家、诗人。他不拘泥于汉、唐诸儒的旧说，敢于抒发己见，推理经义，成为“一时儒宗”，四方学子前来就学者常数十百人。在《常语》一书中，李觏列举了孟子的十七条罪状。主要的观点是：孟子名为孔子传人，实为孔门之“叛逆”，“彼孟子者，名学孔子而实背之者也；孔子之道，君君臣臣也；孟子之道，人皆可以为君也。”指责孟子在周天子尚存之时，居然劝进诸侯行天子事，是可忍孰不可忍。李觏的“非孟”言行，曾被时人编为街谈巷议的材料。

孟子：我注意到了。其中有李觏的“孟子以仁义乱天下”论，称：“吾以为，孟子者，五霸之罪人也。”有郑厚叔的“孟子挟仲尼以欺天下”说，讲孟子之“好辩”，完全背离了孔子的精神。还有鼎鼎大名的司马光的“疑孟”说，认为：“孟子鬻先王之道以售其身。”我看到了这些言论后，总觉得以“辩”决之，让后人去评说。同时，我认为，作为一个思想家，不可能万无一失，毫无瑕疵。让别人来疑一疑、批一批，敲打一下也有好处。我的学说如果没有大的问题，责疑过后，影响力将得到进一步提升。真金不怕火来炼，我深信这一点。

子思墓

子思是孔子的孙子，而孟子受业于子思之门人，因此从孔子到孟子当是第五代。孟子通晓“唐虞三代之德”以及“仲尼之意”，有赖子思之功。

“批”和“疑”让更多的人来关注一个名叫孟子的人。关注的结果是您地位的进一步提升。宋代，是“反孟”最为激烈的时代，更是您地位真正得到肯定的时代，您说对不对？

宋神宗像

对孟子立专庙祭祀、追封爵位始于宋代。宋景祐五年（1038年），孔子嫡裔孔道辅知兖州时，在孟子墓前建孟子庙。宋元丰六年（1083年），宋神宗从吏部尚书曾孝宽所请，封孟子为“邹国公”。

孟子：完全赞同你的这一说法。我的地位几乎都是在宋代奠定下来的。

其一，朱熹以《孟子》为孔门必读经典，作《四书章句集注》。“四书”之名由是产生。“四书”表面上地位不及“五经”，但由于浅近易懂，实际上已代替“五经”成了社会主流的读物。后来人们总是说“四书”“五经”，“四书”不是放在前面了吗？

其二，孟子入庙。孔子第四十代孙孔道辅知兖州，为表彰孟子维系道统之功，在邹县访得孟子墓地，筑庙祭祀。吾殁后一千三百余年，始有“孟庙”。

其三，建庙第二年，孔道辅又在孔庙西建“五贤堂”，以孟子配祀孔子。这也是历史上一件大事，此时才有“孔孟之道”之称。

其四，宋哲宗元祐三年（1088年），哲宗颁旨，称吾为“命世亚圣之才”。这时“亚圣”的地位才由官方定了下来。

亚圣庙

汉族的诸多统治者“尊孟”，可以说是众所周知，那么，后来入主中原的少数民族统治者，是否也“尊孟”呢？

宋哲宗像

宋元祐元年（1086年）宋哲宗下诏规定，孟子塑像冠服为冕九旒，衣九章。宋政和五年（1115年），追封孟子弟子乐正克为利国侯，配享孟子庙，同年追封孟子弟子公孙丑等十七人为伯爵，分别从祀孟子两庑。元延祐三年（1316年）追封孟子父为邾国公，母为邾国宣献夫人。元至顺元年（1330年）加孟子为邹国亚圣公。清乾隆三年（1738年）在孟母封号上再加“端范”两字，称“邾国端范宣献夫人”。

孟子：可以说，少数民族的统治者，对我孟子的尊崇，有的比之汉统治者来，是有过之而无不及。

与宋对峙的金王朝，沿袭宋神宗封我为“邹国公”，并将孔庙中我的塑像移到正殿，位于孔子塑像之后。

元统治者采用了治天下必用儒术的建议，立孔孟像，诏免孔孟后代的子孙差役。不少孔孟后代还进入了其统治层。

清代统治者的尊孔尊孟之风，位在历代之上。康熙亲撰《日讲四书解义》二十六卷，被视为金科玉律。乾隆初，即定《钦定四书》于官学。还多次下令修建孟庙，表彰我。乾隆两次亲至孟庙，行一跪三叩之礼，题书“道阐尼山”，称我为“岳岳亚圣”，其意是说，这位“亚圣”像泰山一样永恒而伟大。

加封孟子为邹国亚圣公圣旨碑（中）

碑文完整地记载了元文宗至顺二年（1331年）颁布的圣旨，圣旨由蒙、汉两种文字书写，蒙文在上，汉文在下。圣旨中，文宗皇帝称孟子为“百世之师”，赞誉孟子“有功圣门，追配神禹者”，加封孟子为“邹国亚圣公”。至此，“亚圣”成为孟子的专用封号，人们把至圣孔子与亚圣孟子合称为“孔孟”。

朱元璋下令老儒刘三吾执行检删《孟子》的任务，删去了八十五条，余下一百七十余条刻板颁行全国学校，取名为《孟子节文》，这是否与朱元璋君主专制统治极度强化有关？

朱元璋像

朱元璋曾下令删《孟子》，据学者查核删去的有八十五条之多，如“民贵君轻”“仁政救民”“土芥”“寇仇”等，不合朱元璋之意，不利于其维护统治的章句，一概删去。朱元璋下令将孟子牌位逐出孔庙之时，邹县地方官仍在尊孟崇孟，明代首任邹县知县桂孟谒孟庙后写道：“书藏老屋苍苔雨，庙枕荒郊古木风。藻荐一杯浇断础，拟将微力效前功。”（见孟庙碑刻）

孟子：是的。洪武五年（1372年），朱元璋开始读《孟子》，见“君之视臣如土芥，则臣视君如寇仇”等句子，就大发脾气，下令国子监撤去孔庙中我的配享神位。接着，又把不符合专制统治与纲常名教的内容删掉。还有一点要补充，从删节内容看，删书与我对愚忠观念持非议的态度也有关系。

御碑亭内景

被称为中国的“卢梭”的清代大学者黄宗羲说过一句寓言式的话:“学孟子学者,讵止千百年。”其意是说,千百年之后,孟子的书仍有可读之处。您作为被评述者,听到这样的话,有何感想?

王通像

王通,隋末大儒。他仿孔子作《六经》之体例,撰《续六经》,在河汾讲学时,以“王孔子”自诩。主张以孔孟儒学为主,实现儒、佛、道三教合一。有“杨(朱)、孟(轲)之心”之说。画像藏台北故宫博物院。

孟子: 听了这位黄先生的话,一则以喜,一则以愧。喜的是千百年后,甚至更长时间后,还有人认为我的书有价值,还有人想读。愧的是,我的书中的确有许多糟粕性的东西,比如对墨家的过分攻击啊,提倡去欲啊,我想,后世的读者会比我高明,他们在读我的书时,一定会把这些“无用之物”剔除掉的。

康熙御碑亭

在近代，在铺天盖地而来的“打倒孔家店”声浪中，“孔老二”被打得灰头垢面，遍体鳞伤，而作为“孔家店”二掌柜的您却相对平静，把火力对准您的人似乎不怎么多。是不是像有些人说的那样，风暴的中心反而是平静的？

雍正像

孟子：不是。仔细想想，主要是因为在我的著作里有许多关于“民贵君轻”之类的话，这与后世进步人士掀起的民主浪潮大致上是契合的，因此，他们不但没批判我，还引述我的片言只语呢！也许，孔子已为我“代过”了。

乾隆像

康熙像

在清朝，作为最高统治者的皇帝，对孟子的尊崇有逾前代。康熙二十五年(1686年)，康熙御制《孟子赞》。次年，颁《御制孟庙碑记》，称颂孟子道：“我读其书，曰仁曰义，遗泽未湮，闻风可企。岳岳亚圣，岩岩泰山，功迈禹稷，德参孔颜……”雍正二年(1725年)八月，雍正御制孟子庙匾额“守先待后”和孟府匾额“七篇贻矩”。乾隆十三年(1748年)，乾隆御制《四圣赞》说：“欲入孔门，非孟何自？……卓哉亚圣，功在天地。”并为孟庙亚圣殿御制“道阐尼山”的匾额以及“尊王言必称尧舜，忧世心同切禹颜”的对联。乾隆还先后五次遣官致祭孟庙，并亲诣孟庙拈香行礼两次，把帝王对孟子的尊崇推到极致。

被毛泽东称为“向西方寻找真理”的代表人物的严复，一面大讲西方的民主制度，一面又说：“孟子曰：‘民为重（贵），社稷次之，君为轻。’此古今之通义也。”把您的那段话说成是“古今之通义”。被称为学界泰斗的蔡元培在1900年的《上皇帝书》中说：“传曰：得乎丘民为天子，得乎天子为诸侯。国者，公司也，民者，出资本之股主也，天子者，总办也。”有那样的事吗？

孙中山像

孙中山先生曾用孟子“王霸之辩”来解释国家、民族之起源，他说：“用中国的政治历史来证明，中国人说王道是顺乎自然，换一句话说，自然力便是王道。用王道造成的团体，便是民族；武力便是霸道。用霸道造成的团体，便是国家。”（《孙中山全集》九卷）他对忠孝仁爱信义和平等中国固有道德的提倡，也是来源于孟子的。

孟子：严复他们把我的那段话说成是“古今之通义”，评价实在太高了。蔡元培把我的话与西方思想巧妙地缝合在一起，算是合情合理的。不同时代的人尽管处境不同，但因“道相同”，往往会不谋而合，所见略同。康有为在《孟子微》中说：“天下为公，选贤与能，孟子早已发明之。”不过，从这些时代骄子的言行举止中，我觉得我的学说中的确还有若干对后人有用的东西。

继往圣坊

棂星门东西各建有一座斗拱承托的木坊，左为“继往圣”坊，右为“开来学”坊，以此来表彰孟子对儒学有“承先启后、继往开来”的功绩。

现在中国社会文明，学术开放。假设有人要您说说在您的著作中还有哪些好东西，您将何以言？

康有为像

改良派的代表人物康有为极力推崇孟子。在其《孟子微自序》中称孟子为“传平世大同之仁道，得孔子之本者也。”还说：“欲知孔子者，莫若假途于孟子。”又说：“举中国之百亿万群书，莫如《孟子》矣。”

孟子： 本来这不该是我自己说的，但如果一定要我自己说的话，我可以说一些参考性的话，看看能不能成立。

梁启超像

梁启超在《饮冰室书话》中评价孟子说：“自昌黎倡之，宋贤和之，孟学似光大矣。然于孟子经世大义，无一能言者，其所持论无不与之相反……自宋以来，有尊孟子之名，无行孟学之实！”

开来学坊

您说吧，先说说大家都在热议的“民贵君轻”这一条吧。前面所言，严复说是“古今之通义”。您认为呢？

孟子： 这一点的确是“古今之通义”。通义，就是共通的真理。“民贵君轻”，用现代人的话来说，民众是主人。这一条，千百年后还会是如此。假如有人想当官作老爷，我建议他们读读我的书。

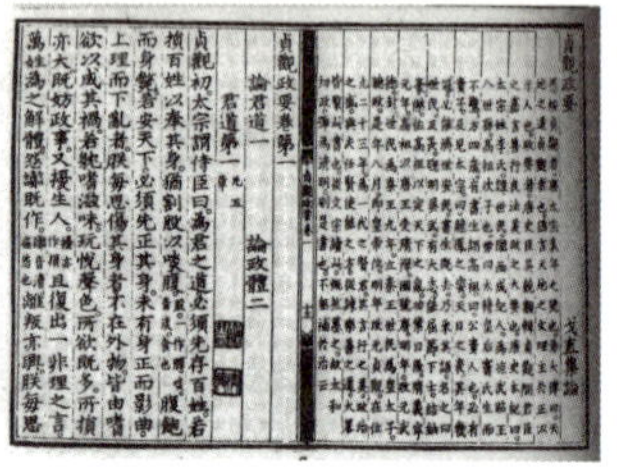

貞觀政要卷第一

論君道一　論政體二

君道第一

貞觀初太宗謂侍臣曰爲君之道必須先存百姓若損百姓以奉其身猶割脛以啖腹腹飽而身斃若安天下必須先正其身未有身正而影曲上理而下亂者朕每思傷其身者不在外物皆由嗜欲以成其禍若耽嗜滋味玩悅聲色所欲既多所損亦大既妨政事又擾生人且復出一非理之言萬姓爲之解體怨讟既作離叛亦興朕每思

唐太宗像及《贞观政要》书影

唐太宗说“水能载舟，亦能覆舟”，认识到了统治者与民众是“舟与水”的关系，这是孟子“民贵君轻”思想的体现。

孟庙刻碑

您还说了“与民同乐”，这也有现实意义。现在有些人就是自顾自地寻欢作乐，而不顾别人的死活。在这方面，您愿意为一些人敲敲警钟吗？

胡适像

胡适在自传中说：“就全体来说，我在我的一切著述上，对孔子和早期的‘仲尼之徒’如孟子，还是相当尊重的。”他赞扬孟子主张“人格平等”，“政治哲学很带有尊重民权的意味”。孟子是“要人快活安乐”，“要人享受幸福”的。“他们主张的‘仁义’，只是最大多数的最大乐利。”

孟子： 我是说，只寻求“独乐”的人，最后也是乐不起来的。还是“与民同乐”为好。“同乐”这话，好说，但不怎么好办，我说了，“庖有肥肉，厩有肥马，民有饥色，野有饿莩，此率兽而食人也”。这样食人的野兽的确是有的。当然，要让老百姓乐得起来，还得解决他们的民生问题。

其实，我是阐述孔子的思想，这里的“乐”并非一个物质的问题，而是一个精神的问题。虽然物质条件和环境的好坏可以影响精神和心理，但它毕竟不是决定的因素。孔子说过：“饭疏食饮水，曲肱而枕之，乐亦在其中矣。”（《论语·述而》）颜回也是：“一箪食，一瓢饮，在陋巷。人不堪其忧，回也不改其乐。”（《论语·雍也》）这里讲的就是精神超越物质的事例。正如我举出夏桀的例子那样，“虽有台池鸟兽，其能独乐哉？”如果不关心百姓，不愿意与百姓人分享，那么百姓恨不得与你同归于尽。应该说“与民同乐”实际上是我仁政思想的一个组成部分。

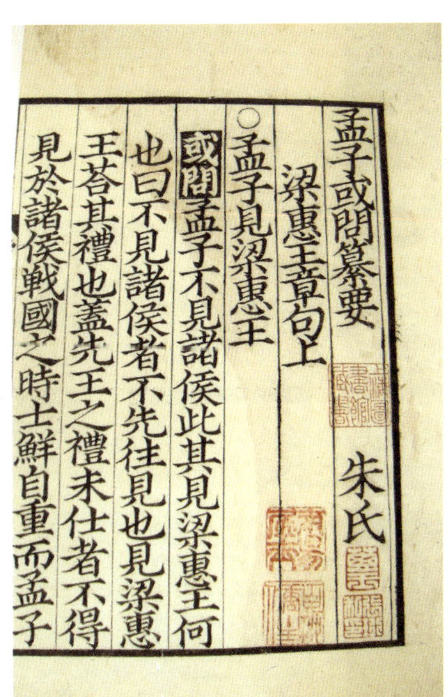

孟子或問纂要　朱氏

梁惠王章句上

○孟子見梁惠王

或問孟子不見諸侯此其見梁惠王何也曰不見諸侯者不先往見也見梁惠王荅其禮也蓋先王之禮未仕者不得見於諸侯戰國之時士鮮自重而孟子

《孟子或问纂要》（宋刻本，现存上海图书馆）

还有那个“大丈夫”精神，我看是什么时候都应该发扬的。不当“大丈夫”，难道甘当“小丈夫”吗？

孟子：我的确是把“大丈夫”与“小丈夫”对比着说的。“大丈夫”精神，在我那个时代，是一种理想人格，怕是可望而不可即的。可是，时至两千五百年后的当今之世，我们还不应该造就千万个大丈夫吗？有了这样千万个顶天立地的大丈夫作社会的栋梁，事情会好办得多，整个社会就会更加昌明。

魏源像

近代开明人士代表人物魏源自少潜心研究孔孟，先后著成《孔子年表》《孟子年表》。他十分推崇孟子的大丈夫精神，认为：“学孟子为易简直捷而适于用。”赞扬孟子学说如泰山之岩像，似江河之浩流，永久而不息。

日晷

孟府设置有“日晷”，仿效皇宫之格式。

先生说过:“如欲平治天下,当今之世,舍我其谁也?”(《孟子·公孙丑下》)这样的以“天下为己任”的思想,也是值得倡导的吧?

孟子: 我以为是这样的。值得一提的是:有人以为“舍我其谁”中的“我”,就是我孟轲,那是不够准确的。这个“我”是大我,是对“士君子”的统称。如果普天下的“士君子”都有这样的一种气概和精神状态,那国家就更有希望了。

洪秀全像

太平天国时曾有过“折孔庙、焚儒书”的行动,但太平天国领导人也多数是受过儒家思想熏陶和影响的。洪秀全在《钦定士阶条例·序》中称:“孔孟之书不必废,其中有合于天情道理者亦多。既蒙真圣主御笔钦定,皆属开卷有益者。”他又把包括孟子在内的儒家作为建立和维护新的社会秩序的工具。洪仁玕在《钦定英杰归真》中说:“学尧舜之孝悌忠信,尊孔孟之仁义道德。”

孟庙碑林

孟庙东路启圣门至启圣殿甬道西侧,碑碣林立,为孟庙各类石碑存放之处,称为孟庙碑林。此碑林保存孟庙历代碑碣二百八十多块。

您与孔夫子一样，是教育家。孔夫子是“学而不厌，诲人不倦”，而您是对学生“有如时雨化之”。这也是任何时候都应当提倡的吧？

张岱年像

张岱年最欣赏、最崇拜孟子的浩然之气，他认为，孟子是孔子的主要继承人，提出了“仁义礼智”“孝悌忠信”的道德范畴体系，更提出“富贵不能淫、贫贱不能移、威武不能屈”的大丈夫的人格标准和“浩然之气”的精神境界，对中华民族的精神文明的发展做出了重大的贡献。

孟子：我看也是这样。每一位教师都应当成为“时雨”，学生最需要时，你就出现在他的面前。我还说过：“教者必以正。”教者正，学生才能正。我还说：“言近而指远者，善言也。”（《孟子·尽心下》）教师应该成为语言艺术家，口出善言，春风化雨，才能让学生心悦诚服。

嘉量

孟府设置有“嘉量”，仿效皇宫之格式。

对文化遗产，一是保护，二是发掘，这些方面现在的人们似乎还做得很不够。对此，您有什么好的建议?

冯友兰像

哲学大师冯友兰在《中国哲学史》中说:“孔子在中国历史中之地位，如苏格拉底之在西洋历史，孟子在中国历史中之地位，如柏拉图之在西洋历史。”

孟子: 对此，我就不该多说什么了，因为后代人已做了许多许多。不是说要发掘中华文化遗产吗?我孟子的学说大概算是一项遗产吧！这不是我个人的智慧和遗产，而是我综合前人包括我的老师孔子以及先师弟子和我的弟子们的智慧所产生的。我希望我献给后人的不是一座贫矿，我希望后人在我这里发掘到更多的精神财富。如能那样，我也就心满意足了。

亚圣殿内设的孟子像及牌位

亚圣府礼门义路

后　记

为了提高国民的文化自觉和文化自信，为建设社会主义文化强国添一块砖、加一片瓦，我们花费了数年时间编纂了这套定名为“提问诸子”的丛书。我们的人手不多，写作这样大部头的书稿实在有点勉为其难。好在大家都有决心，齐心协力地干，几易其稿，现在终于可以面世了。

有朋友看了样稿后赞道，这是对国学精当的阐释和大胆的浅化。这当然是同道的过誉和奖掖，对我们来说实不敢当。国学博大精深，涵盖了中国固有的文化和学术，除我们涉及的子学外，还包括医学、戏剧、书画、星相、数术等方面的传统文化。若以学科分，应分为哲学、史学、宗教学、文学、礼俗学、考据学、伦理学、版本学等，其中以儒家哲学为主流。若以思想分，先秦时期就有所谓的“诸子百家”，形成了儒家、道家、法家、墨家、兵家等思想体系。我们触及的只是整个国学中的冰山一角，岂敢以偏概全？所言“精当的阐释和大胆的浅化”，倒确是我们的初衷之所在。这个“子”那个“子”，历代统治者为了一己之利，早已把他们涂抹得面目走样了，为文化自觉和自信计，非得还其原本的真相不可。在“精当”两字上，我们确是花了不少气力的。至于浅化，那更是当务之急。“提高全民族文化素质，增强国家文化软实力”，应是国策。既然这是关乎“全民”“国家”的事，岂有不浅化之理？

需要说明的是，本丛书靠的是集体的智慧和力量。除了笔者的努力外，丛书主编黄坤明先生在选题和框架构想的设定上功不可没。在编撰过程中，得到了国家图书馆、上海图书馆、中华书局、商务印书馆、人民出版社、上海人民出版社、上海古籍出版社，以及诸子故居所在地纪念馆及地方政府的支持，他们给我们提供了大量的珍贵资料和照片，也提出了许多可贵的意见。在编写过程中，我们采纳了张晓敏、江曾培、李国章、陈广蛟、秦志华等先生的许多真知灼见，有关编辑胡国友、刘寅春、李梅、李琳、贺寅、周俊、金燕峰、孙露露、王华、王凤珠等作了精到的修饰和校正，在图文合成中，得到了梁业礼、王轶颀、本本、曾初晓、卢鹏辉、卢斌等的帮助，倪培民教授为丛书简介作了英文翻译，在此一并致谢。

当然，由于作者学力有限，必有偏差、失当和粗疏之处，在此诚望方家好友不吝指教，以待重版时修正。书中的图片有的是请友人实地拍摄的，有的是购买或有关方面赠送的，在此表示谢意外，谅不一一注明了。还有极个别图片已多处使用，且署名不一，实难确定作者。有的图片虽经寻访，但仍然找不到原作者。日后这方面的工作如有所进展，定当按相关规定付以稿酬。

作者

2011 年 10 月 18 日